地域のなかの建築と人々

妻木宣嗣
Tsumaki Noritsugu

清文堂

はじめに

本書は日本建築史に登場する建築を、人との関係から論述したものである。これまでも多くの論文が日本建築史と人をテーマとし論述されてきた。筆者も例外ではなく、建築と建築規制を中心にそれを取り巻く社会について、考察を試みてきた（妻木宣嗣著『近世の建築・法令・社会』二〇一三年、清文堂出版、妻木宣嗣・曽我友良・橋本孝成著『近世の法令と社会―萩藩の建築規制と武家屋敷―』二〇一七年、清文堂出版など）。

本書に収録した論考は、在郷についての考察である。これまでの日本建築史学は、それまでにない様式にひかりをあて説明していくという「点と点」の歴史観が中心であった。しかしカルロ・ギンズブルグがいうように（カルロ・ギンズブルグ著・上村忠男訳『歴史・レトリック・立証』二〇〇一年、みすず書房）歴史は出来事をつなぎ合わせると出来上がるといった、そんな単純なものではない。それ以外の方が断然多数を占める。この方法論を援用したのが、前半の京都府京丹後市での議論である。確かに近代特有の神社はいくつかある。しかし近代にはいっても、近世の様式で建立された神社が全体の約八〇％を占めることをどう考えるか。

本書ではさらに建築空間をつくる人々、建築環境をつくる人々、商いをする人、といった、より具体的な人々を対象として建築の考察を試みるとともに、建築に関わる人々の心象風景についても考察している。建築とそれを作った人々に焦点をあてることによって、点と点を結んだ歴史観ではなく、面の歴史観について言及している。

最後に、島根県鷺浦の建築と町並み、そして船宿経営をトータルに考える。もはや建築史だけをやっていてよい時代ではない、と筆者は考える。トータルな議論が必要となろう（特に近世は）。

地域のなかの建築と人々

目次

第一章　近世〜近代神社建築研究の諸相……3
一　研究の目的と背景
二　京丹後市の地理・歴史
三　京丹後市各地域における神社本殿の様式・年代分布
四　京丹後市における近代神社本殿建築
おわりに

第二章　近世〜近代の神社本殿に関する研究……37
——京丹後市の近代期創立神社建立の行政と神社——
一　研究の目的と背景
二　大宮町大野神社の建物
三　建築許可行政に必要な書類について
1社務所の建築許可申請手続き　2申請の過程
3委託料と関係する機関、役職、人物
おわりに

第三章　神社の小規模上屋の研究……55
一　研究の目的と背景
二　神社本殿の上屋について

三　上屋の分類と特色
おわりに
第四章　普請に関わった人々……75
一　丹波柏原の彫刻師中井氏について
二　棟札から
三　文化財と寺社修理
おわりに
第五章　『紀州田辺町大帳』にみる建築制限と作事願……87
はじめに
一　『紀州田辺町大帳』の建築制限と願い出
1奢侈の禁止　2町並みの規制
二　看板の規制
おわりに
第六章　庇下空間（軒下）の規制からみた近世商業空間……127
はじめに
一　江戸における庇下空間の規制について

二　大坂における庇、庇下規制
三　庇下の規制——出格子に関する規制
1格子の形態　2大坂にみる出格子規制
3岡山藩にみる出格子規制
おわりに
第七章　島根県大社町鷺浦の街並みと船宿経営……155
はじめに
一　鷺浦の地理・歴史
二　鷺浦の景観
1街並みと景観　2船宿の立地
三　鷺浦の建築
1現状建築物からみた建築特質　2東側部分集落の街路空間構成について
四　船宿の建築と経営
1船宿について　2船宿の建築
3船宿の経営と建築——加田屋「船御改控帳」を素材に
おわりに

地域のなかの建築と人々

第一章　近世～近代神社建築研究の諸相

一　研究の目的と背景

京都府京丹後市域における神社建築には、近代期の建築も確認できる。興味深いところでは、本殿に向かって左側に京丹後市域の近世的造形を象徴する社殿が、向かって右側には昭和初期建立の社殿が並立して建っている場合さえある。また多くはないが、次章でくわしく述べる大野神社のように近代になってから創建された神社もある。

藤原恵洋氏[1]は近代以降の神社建築について、①制限図の経緯について、②制限図の意匠的特質について、③神社行政について、以上三つの視点から近代神社建築を明らかにしようと試みている。①では明治五年（一八七二）八月十二日大蔵省伺を発端に、明治二十二年（一八八九）九月十六日内務省訓令第五四二号で公にされるまでの制限図の作成過程を詳細に明らかにし、また作成過程から、制限図が限られた予算下において全国一律の様式的普遍形式を生み出す規制的標準設計の役割を担っていたと指摘、また②では制限図の規制内容を平面と造形的規制にわけ、制限図が流造本殿・入母屋造拝殿を中心とする独立社殿構成を基調に制定した点を指摘、さらに③では神社造営組織の経緯と、内務省神社局の初期造営組織について論考している。藤原氏はそれまで近代神社建築が、近世の発展的存在と位置づけられていたものに対する、近代国家に必要な「国民―国家」を創造するための必需品としての「伝統」を具体化するために、様式が模索され、形成されていった、極めて「近代的」な創造行為である点を指摘している。[2]

ところで藤原氏の視点の一つである制限図の経緯について、さらに詳細に考察したのが青木佑介氏である。青木氏は、制限図の作成経緯について再検討した結果、従来の解釈に誤認または見過ごされていた点について明らかにした。[3]

こうした藤原氏や青木氏の研究に加え、近代神社建築研究の視点を総括的に発展させたものとして、櫻井敏雄氏、藤岡洋保氏の論考を掲載した『近代の神社景観―神社局時代に撮影された神社―』（神道文化会編、中央公論美術出版、一九九八年）がある。このうち藤岡氏の論考「内務省神社局・神祇院時代の神社建築」は、それまでの一九八〇年代～一九九〇年代にかけての近代神社研究を総括するとともに、今後の研究の方向性を示した内容といえる。つまり藤岡氏は近代神社建築行政や近代神社建築史上重要な位置を占める明治神宮造営について、さらに大正後期から昭和戦前期まで神社建築行政の指導者であった技師角南隆に注目し考察している。このなかで藤岡氏は、明治神宮造営について、伊藤忠太らが造営で得た経験をその後の神社造営に反映させたという点で近代神社建築史上重要な位置を占めると指摘し、また藤岡氏は近代建築史において、いわゆる西洋建築ではなく、それまで日本にあった建築様式、特に神社建築から、どのような様式を創り出したのか、さらにそういった様式の創造が行われた意図はなにか、などに対する論考が展開されている。

なお本書については、近代神社建築史を考える上で重要な、青木氏による書評がある。[4] 以下、櫻井氏、藤岡氏の論考に対する青木氏の書評を手がかりに、両氏の論考について確認しておきたい。

まず近代神社建築が近世からの発展系と考える立場であり、代表的な研究としては櫻井敏雄氏の論考がある。すなわち櫻井氏は神社の様式、形式は何らかの意図（近代化など）のもと劇的に変化するという描き方よりも、どちらかというと、緩やかな変化によって近世～近代の神社建築様式が形成されていくとするアプローチをとるとした。また青木氏は近代神社建築研究が、近世からの連続性のなかで変化・発展するとする「叙述」が一般的だったのに対して、藤岡氏が近代国家論を手がかりに問題提議を行った点を指摘している。

もちろん筆者が思うに、近代の神社建築の理解には、櫻井氏の方法論もあれば藤岡氏の方法論もあると思われるが、本章で意識するのは、こうした近世～近代における神社建築様式が、中央ではなく、地方（地域）の神社建築の様式を考える際に、どのような様相を呈するのだろうかという点にある。青木氏は、この点について以下のように明確に論述する。[5]

（前略）問題点をあげるとすれば、造形論ではその造形の根拠にたどりつけず、建築家論ではその言説にからめ取られてしまう、ということであろう。近世と近代との連続性を考えるうえでは、そもそも、日本建築史と日本近代建築史では、その成立の構造、記述の枠組みが異なっているわけであるから、双方が互いに時間軸をスライドさせて接近しても、きれいに噛み合わない部分がでてくるのは当然であるといえよう。その間隙をいかにして埋めていくのかが、今後の課題といえよう。

また、近代の神社建築を考えるうえでの今後の課題のひとつとして、いまだはっきりとはしていない明治初期の状況を把握することがあげられよう。明治以降の神社行政が、いかに国家のもとにあったとはいえ、政治的・制度的にも不安定であった明治初期においては、国家による一元的な造営がおこなわれていたとは考えにくい。むしろ、その造営は地域に即した視点から解明されねばならないであろう。近世から近代への過渡的状況のなかで、伝統的な建築の世界がどのように変容したのかを明らかにするためには、神仏分離を経た明治初期の錯綜した状況が、ひとつの鍵を握っているように思われる（後略、傍線部筆者）。

前述の指摘のうち、特に興味深いのは近世建築史と近代建築史との接続の難しさ、さらには近世から近代への過渡的状況を解明する上での「地域」に対する言及であろう。本章は、この青木氏の指摘から大きな示唆を受けている。つまり近世から近代への過渡的状況を解明する上での「地域」「様式」を意識した論考を行なう。

つまり、ある地域を特定し、近世と近代を俯瞰するために今回は神社本殿建築を悉皆調査した上で考察を行なった。具体的な考察手順は以下の通り。まず対象地域は京都府京丹後市（図1）。①京丹後市内のRC造、S造を除くほぼ全ての寺社建築物の実測調査、復原考察、写真撮影、棟札や史料の記録などを基礎史料とし、第二節では、京都府京丹後市の歴史的地理的背景について考察、次に第三節では①当該地域にどの位の推定建立年代の神社本殿が何様式であるのかを地図上にプロット（図2）して、②神社様式の地域別、推定建立年代別にどの程度存在するのかについて考察を試みることで、近世から近代における神社本殿様式の変化が、国家権力に近い神社本殿と同じようなものであるのかについて考察するとともに、地域における近代神社本殿建築の具体像について考察を試みる。第四節では京丹後市における近代以降の神社について考察し、最後の「おわりに」では地域における近世〜近代にかけての神社本殿建築の諸相について述べる。

なお次章において京丹後市大宮町にある大野神社（昭和十五年（一九四〇））の史料から、地域の神社の建設に対して、どのような手続きが踏まれ、どのようなプロセスを経ていたのかについて考察する。

二　京丹後市の地理・歴史

ここでは京都府京丹後市を構成する各町の地理・歴史について述べる。

峰山町は東西八・七キロメートル、南北一四・二キロメートル。東はおよそ中郡平野を按分して大宮町、南は磯砂山の山嶺を境に兵庫県豊岡市但東町、西は久次岳の山嶺を隔てて久美浜町・網野町、北は弥栄町・網野町に接する。

大宮町は、旧中郡のほぼ東半部を占める。北東の高尾山・鼓ヶ岳連山を背に、久住川・五十河川が三重谷で竹野川に注いで沖積地が開け、さらに北に流路を変える竹野川流域の中郡平野が町の中央部で開ける。町の西方は磯砂山・鞍禿山の連山が南北に延び、磯砂山を背に竹野川の支流、常吉川の沖積地が開ける。町域は東西一三・五キロメートル、南北一一・三キロメートル。およそ西は中郡平野を按分して峰山町、北は弥栄町、東は宮津市・旧与謝郡岩滝町、南は水戸谷・平治両峠を境に与謝郡与謝野町に接する。

　網野町は丹後半島の北部に位置、日本海に面し、東端の経ヶ岬から西方の久美浜町に向かって海岸線が長く伸びる旧竹野郡に位置する。町の中心を福田川、西部には木津川が北流し、日本海に流れる。東には丹後町・弥栄町と接し、東南には峰山町、西は久美浜町に接する。町域には平野は少なく、標高はそれほど高くないものの山地が町域の多くを占める。北側を日本海、内陸側には山地と、自然豊かな地域である。町の主産業は、織物業、

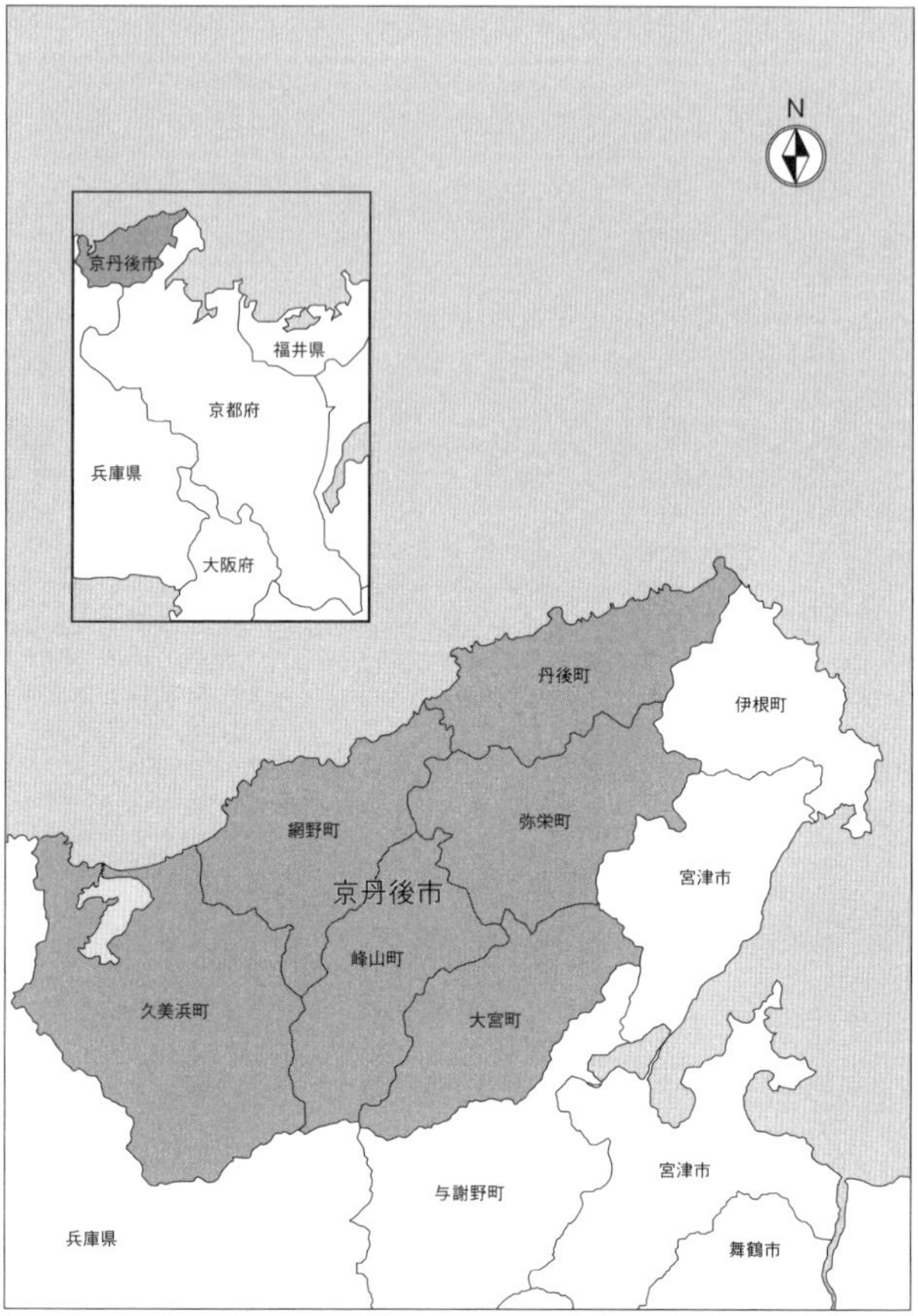

図１　京丹後市と周辺自治体

農業、漁業などであり、いわゆる「丹後ちりめん」の産地として名高い。

丹後町は丹後半島の北端に位置し、およそ東は与謝郡伊根町、南は弥栄町、西は網野町に接し、北は日本海に面する。東方部には太鼓山山系、中央部西寄りには金剛童子山（熊野山）山系がほぼ北へ延びて、前者は碇高原・岳山を経て経ヶ岬となり、後者は依遅ヶ尾山（丹後町）に続いている。海岸線は東西約一六キロメートルに及び、東端の経ヶ岬、中央部の犬ヶ岬や沿岸一帯にみられるリアス海岸線は美しい景観を作り出し、また自然の港湾を形成している。集落は海岸沿いのわずかな台地・平地や、金剛童子山山系の西を北流する竹野川流域、町のほぼ中央部、同山系の東の北流する宇川の流域に点在する。間人の港を中心に、海上交通が古くから開けていたと考えられ、特に江戸時代宝暦年間以降からは、北廻船の要港として間人は発展した。陸路は間人からほぼ竹野川沿いに南へ、弥栄町へ抜ける間人街道、久僧から碇峠を越えて伊根町筒川への伊根街道が古道である。また、間人から網野へは西方街道で通じていた。

弥栄町は丹後半島の中央に位置し、東は与謝郡伊根町・宮津市、南は大宮町・峰山町、西は網野町、北は丹後町に接する。山間部で東部を太鼓山山系が南北に走り、中央を旧野間村と旧弥栄村を分つ金剛童子山山系が北方の依遅ヶ尾山に続き、金剛童子山から西に走る小原山山系が中郡との境となる。北流する竹野川を中心に弥栄町の中心平野が広がり、京丹後市の穀倉地帯となっている。集落は平野部の竹野川沿いや、支流の溝谷川沿い、太鼓山山系と金剛童子山山系の間隙を流れる宇川の上流野間川の谷あいに点在する。

江戸時代以来の熊野郡全域が現在の久美浜町である。久美浜町は府の西北端に位置し、東は網野町、峰山町、南は兵庫県豊岡市出石町、同但東町、西は豊岡市に面し、北は日本海に面する。明治四年（一八七一）十一月久美浜県が廃止されて豊岡県が置かれ、同九年豊岡県が廃止され京都府の管轄となった。同二十二年町村制実施による、郡内は旧五三村を統合し、久美浜・久美谷・川上・海部・上佐濃・下佐濃・田・神野・湊の九村となった。同二十七年久美浜村が町制を実施。昭和二十六年（一九五一）久美谷村が、同三十年川上村等五村が久美浜町に編入、同三十三年に佐濃村が編入された。次節からは個別の神社を事例にしつつ、各地域の神社の特質について述べるが、全体像を把握するために、やや余長であるが、各地域の神社の特徴についても述べる。

三　京丹後市各地域における神社本殿の様式・年代分布

さて先にも述べた京丹後市域の神社建築の様式と推定建立年代を図面上にプロットしたものが図2、表化したのが表1（京丹後市域の神社、様式・推定建立年代）である。以下本節では、近世神社建築、近代本殿建築の配置、推定建立年代、地域性についてこの図を用いながら考察する。

まず全体的にみると、丹後町沿岸、久美浜などに神社が密に建つ。このうち一七〇〇年代以前建立の社殿が売布神社（08網野町　木津、番号は図2とリンクしている）である。次に一七四〇〜一七九〇年代建立の志布比神社（07丹後町　大山）、愛宕神社（12峰山町　五箇）、持田神社（34久美浜町　壱分）などがある。特に多いのは一八六〇年以降、つまり近代以降を中心にした本殿であり、この頃まで当該地域では近代以降にお

写真１　売布神社（網野町　木津　京都府指定重要文化財　京丹後市でもっとも古い社殿、寛文９年（1669））

いても、近世に頻繁に建立されていた様式による神社が多く建立されていた。

また京丹後市域の神社建築のうち、最も多い神社形式は流造（写真1）、これに対し峰山町周辺では春日造の様式が目立つと共に、流造、春日造共に唐破風を設けるものが多い。この唐破風の妻部に龍の彫刻を用いる神社が多く、なかには中井姓の彫刻大工が仕事をしている例がみられる。一方神明造の神社は、皇大神社（05大宮町　河辺）、大野神社（04大宮町　口大野）、若宮神社（21大宮町　奥大野）、天神神社（02大宮町　下常吉）、日吉神社護国社（19網野町　浅茂川）、いずれも近代以降の建立である。

また春日造のなかには隅木入春日造が、久美浜を中心に二五棟あり、比較的多い。また建物本殿正面に唐破風を設ける事例も久美浜に集中している。

次に京丹後市域全体の神社建築について考察を試みる。『日吉神社本殿調査報告書』には、網野町の神社建築の歴史的地域的特質とこれらを考慮した本殿の位置づけについて簡潔にまとめられている。同報告書の「考察及び評価」によると(6)

（前略）この地域に残る江戸前~中期に遡る遺構は、いずれも一間社流造、こけら葺で、組物は舟肘木または連三斗と簡略なものになっている。それが江戸中期以降、時代が下がるにしたがって、装飾

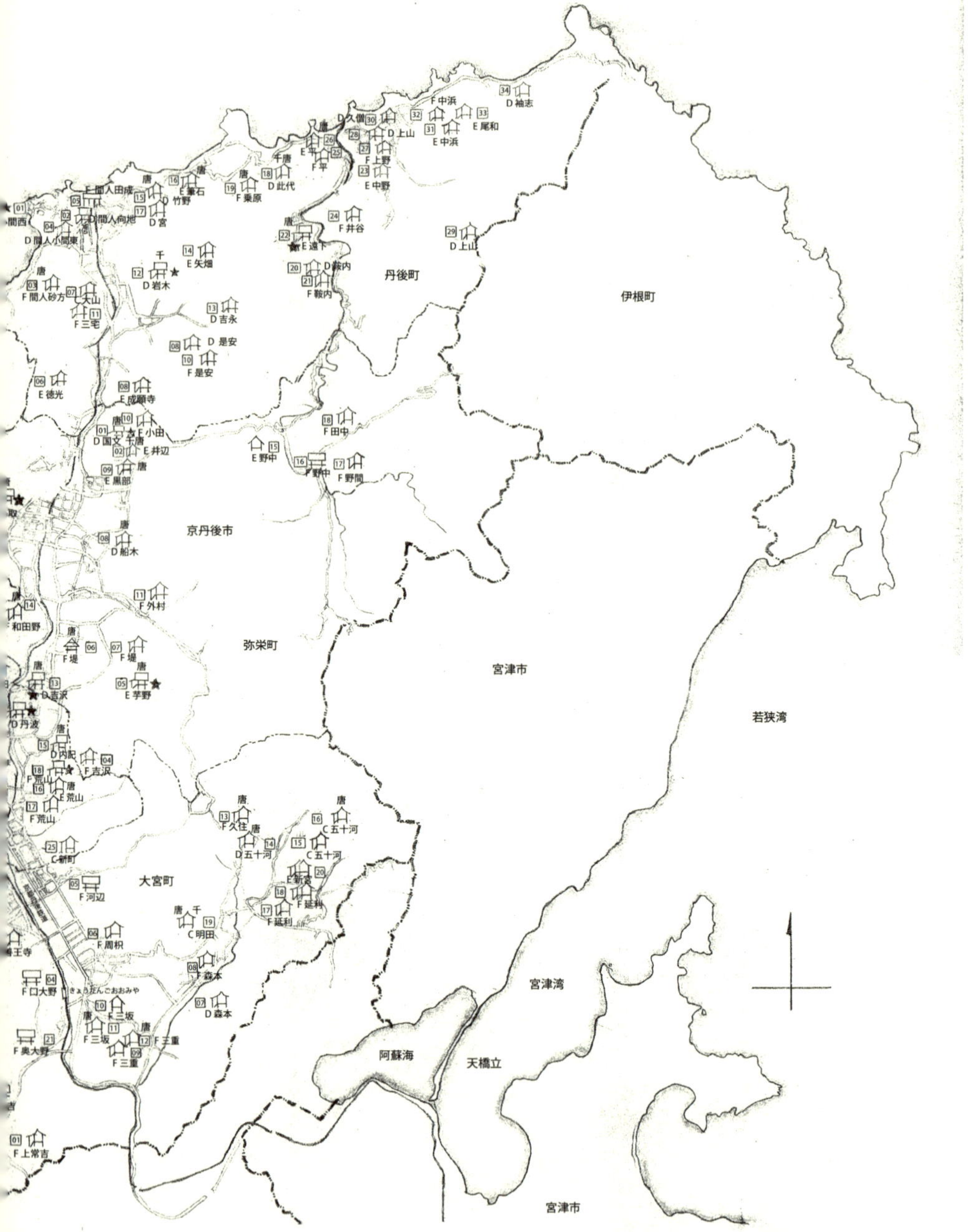

図２　京都府京丹後市市域の神社分布（番号は各町の報告書を参照、京丹後市所蔵、妻木調査・執筆）

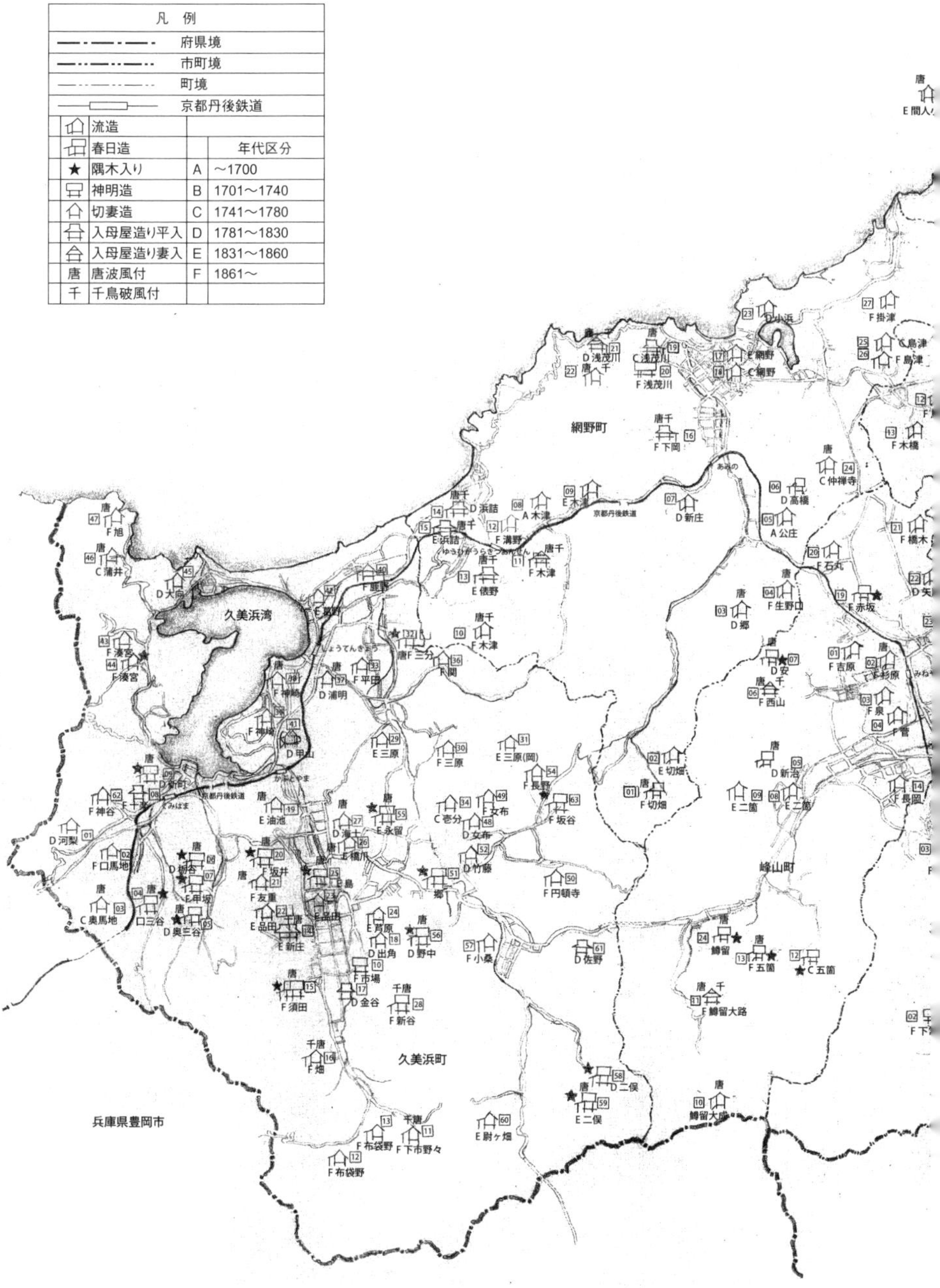
凡例
府県境
市町境
町境
京都丹後鉄道
流造
春日造
★ 隅木入り
神明造
切妻造
入母屋造り平入
入母屋造り妻入
唐 唐波風付
千 千鳥破風付
年代区分
A ～1700
B 1701～1740
C 1741～1780
D 1781～1830
E 1831～1860
F 1861～
網野町
久美浜湾
久美浜町
峰山町
兵庫県豊岡市
京都丹後鉄道

表１　各神社の詳細

町名	番号	名　称	所　在	推定年代
網野町	01	岩崎神社	切畑	本殿：弘化４年(1847)(棟札) ・上屋：入母屋、妻入、木連格子、瓦葺
	02	若宮神社	切畑	本殿：安政３年(1856)(屋根再建棟札) ・上屋：入母屋、妻入、木連格子、瓦葺
	03	大宇賀神社	郷	本殿：弘化４年(1847)(棟札)　拝殿：昭和４年(1924)(棟札) ・上屋：切妻、平入、虹梁、瓦葺
	04	生王部神社	生野内	本殿：昭和４年(1929)(棟札) ・上屋：虹梁ないが、柱頂に舟肘木、妻入、二軒、懸魚、瓦葺
	05	郡立神社	公庄	本殿：身舎部分・延宝５年(1677)(棟札)、向拝部分・安政２年(1855)(棟札)・上屋：切妻、平入、虹梁、蟇股、瓦葺
	06	二宮神社	高橋	本殿：文政８年(1825)(擬宝珠銘) ・上屋：入母屋、妻入、瓦葺、虹梁、蟇股、木鼻
	07	貴船神社	新庄	本殿：文政元年(1855)(石壇寄進札) ・上屋：切妻、平入、虹梁、蟇股、瓦葺
	08	売布神社	木津	本殿：寛文９年(1669)(棟札) ・上屋：向拝、廊下、上屋(切妻、平入、虹梁、瓦葺)
	09	加茂神社	木津	本殿：安政２年(1855)『木津村誌』 ・上屋：：向拝、廊下、上屋(切妻、平入、虹梁、瓦葺)
	10	稲葉神社	木津	本殿：明治23年(1890)(棟札) ・上屋：入母屋、妻入、虹梁、木鼻、瓦葺
	11	八坂神社	木津	本殿：慶応元年(1865)(棟札) ・上屋：拝殿、廊下、上屋(切妻、平入、虹梁、瓦葺)
	12	真玉神社	溝野	本殿：近代(昭和頃か)(様式) ・上屋：しころ、妻入、瓦葺、蟇股、正面に向拝付
	13	八柱神社	俵野	本殿：安政２年(1855)(棟札)、覆屋：昭和29年(1954)(棟札) ・上屋：妻入、虹梁、木鼻、狐格子、瓦葺
	14	志布比神社	浜詰	本殿：天保７年(1836)(棟札) ・上屋：入母屋、妻入、虹梁、瓦葺、木連格子、瓦葺、舟肘木
	15	愛宕神社	浜詰	本殿：元治元年(1864)(棟札) ・上屋：切妻、妻入、瓦葺、間斗束、正面向拝付
	16	六神社	下岡	本殿：明治12年(1879)(棟札、向拝裏銘)・上屋：上屋：入母屋、妻入、虹梁、瓦葺、木連格子、瓦葺、舟肘木
	17	網野神社	網野	本殿：大正11年(1922)(棟札)・上屋：上屋なし
	18	蚕織神社	網野	本殿：天明２年(1782)(棟札)・上屋：上屋なし
	19	日吉神社	浅茂川	本殿：文政10年(1827)(棟札写) ・上屋：入母屋、妻入、瓦葺、木連格子、懸魚、正面廊下、向拝付
	20	水無月神社	浅茂川	本殿：神明造　昭和１８年(1943)(棟札) ・上屋：入母屋、平入、瓦葺、狐格子、懸魚、正面廊下、向拝
	21	護国社	浅茂川	本殿：近代(大正～昭和)(様式) ・上屋：切妻、平入、虹梁、正面向拝
	22	加茂神社	磯	本殿：文久２年(1862)(棟札) ・上屋：切妻、妻入、紅葉、木鼻、瓦葺
	23	八幡神社	小浜	本殿：江戸後期頃(様式)、向拝部分：明治頃(様式) ・上屋：上屋なし
	24	貴船神社	仲禅寺	本殿：明和７年(1770)(棟札) ・上屋：切妻、妻入、虹梁、瓦葺、虹梁古材を転用
	25	春日神社	島津	本殿：文化12年(1815)(棟札)　拝殿：昭和５年(1930)(棟札) ・上屋：上屋なし、独立
	26	床尾神社	島津	本殿：旧部材残しつつ平成17年(2005)年再建(拝殿額) ・上屋：上屋なし

町名	番号	名　称	所　在	推定年代
	27	白滝神社	掛津	本殿：丹後震災以降(様式) ・上屋：向拝、拝殿、廊下・上屋切妻、平入、瓦葺、懸魚
大宮町	01	富持神社	上常吉	本殿：近世後～末期(様式) ・上屋：向拝、拝殿、上屋(切妻、妻入、瓦葺、虹梁入)
	02	天神神社	下常吉	本殿：明治16年(1883)(棟札) ・上屋：上屋：切妻、妻入、紅葉、木鼻、瓦葺
	03	住吉神社	善王寺	本殿：昭和初～中頃(様式など) ・上屋：切妻、平入、瓦葺、向拝取付
	04	大野神社	口大野	本殿：昭和初期(様式)大規模、上屋なし
	05	皇大神社	河辺	本殿：昭和19年(1944)(『大宮町誌』)・大規模、上屋なし
	06	大宮売神社	周枳	本殿：昭和５年(1930)(『大宮町誌』)・大規模、上屋なし
		旧本殿		旧本殿：18世紀初(様式)・上屋なし
	07	大屋神社	森本	本殿：文政11年(1811)(棟札) ・上屋：切妻、舟肘木、懸魚、虹梁、拝殿、廊下付
	08	秋葉山神社	森本	本殿：昭和初～中期(様式) ・上屋：上屋：切妻、平入、瓦葺、向拝取付
	09	三重神社	三重	本殿：昭和36年(1961)(様式、上屋の板札) ・上屋：切妻、妻入、瓦葺、懸魚、舟肘木、拝殿付
	10	三坂神社	三坂	本殿：昭和期初め～中頃(様式など) ・上屋：切妻、妻入、トタン葺、懸魚、拝殿付
	11	干塩稲荷神社	三坂	本殿：昭和期初め～中頃(様式など)・上屋：切妻、妻入、懸魚、瓦葺、向拝付
	12	愛宕神社	三重	本殿：大正９年(1920)(棟札) ・上屋：切妻、妻入、懸魚、瓦葺、向拝付
	13	木積神社	久住	本殿：明治初期(石碑、様式など) ・上屋：切妻、平入、トタン葺、肘木、虹梁、向拝付
	14	霧宮神社	五十河	本殿：近世後期(様式、部材)・上屋：切妻、平入、虹梁、瓦葺
	15	中原神社	五十河	本殿：文政11年(1828)(棟札)・上屋：切妻、平入銅板葺、虹梁
	16	三柱神社	五十河	本殿：天保３年(1832)(棟札) ・上屋：切妻、平入、瓦葺、渦の彫刻付
	17	高森神社	延利	本殿：江戸末～明治頃(様式) ・上屋：切妻、平入、トタン葺、絵様肘木、向拝付、波の彫刻付
	18	延利権現	延利	本殿：昭和初～中頃(様式)・上屋：切妻、妻入、正面庇付
	19	心木神社	明田	本殿：天保11年(1840)(棟札)・上屋：切妻、妻入、虹梁、瓦葺
	20	三社神社	新宮	本殿：18世紀末～19世紀初め頃(様式) ・上屋：切妻、平入、銅板葺、肘木、虹梁
	21	若宮神社	奥大野	本殿：昭和18年(1943)(石碑銘)・上屋なし
弥栄町	01	国原神社	国久	本殿：文政４年(1807)(棟札) ・上屋：入母屋、瓦葺、二軒、肘木、蟇股
	02	穂曽長神社	井辺	本殿：安政６年(1859)(棟札) ・上屋：切妻、前面向拝付、瓦葺、懸魚
	03	早尾神社	吉沢	本殿：嘉永７年(1854)(棟札) ・上屋：大規模、切妻、妻入、懸魚、瓦葺、前面庇付
	04	三輪神社	吉沢	本殿：大正期頃(祈祷札) ・上屋：切妻、平入、トタン葺、肘木、虹梁
	05	石上神社	芋野	本殿：嘉永２年(1849)(棟札) ・上屋：入母屋、妻入、トタン葺、虹梁木鼻付、廊下、拝殿付
	06	三柱神社	堤	本殿：明治８年(1875)、棟札 ・上屋：切妻、瓦葺、虹梁、拝殿付
	07	田中神社	堤	本殿：明治31年(1898)(棟札)・上屋：切妻、瓦葺、虹梁、懸魚
				本殿：寛政５年(1793)(棟札)

町名	番号	名　称	所　在	推定年代
弥栄町	08	奈具神社	船木	・上屋：切妻、トタン葺、柱を外にみせない板
	09	深田部神社	黒部	本殿：文政12年(1829)(棟札) ・上屋：本殿独立タイプ、正面虹梁付
	10	八柱神社	小田	本殿：明治３年(1870)(棟札) ・上屋：切妻、瓦葺、平入、虹梁、蟇股
	11	溝谷神社	溝谷	本殿：明治２年(1869)(棟札) ・上屋：切妻、平入、銅板葺、肘木、虹梁
	12	吉田神社	鳥取	本殿：明治25年(1892)(棟札) ・上屋：切妻、妻入、虹梁、拝殿、廊下付
	13	日吉神社	木橋	本殿：昭和４年(1929)(棟札) ・上屋：切妻、妻入、トタン葺、懸魚、虹梁
	14	春日神社	和田野	本殿：近代期頃カ(様式、部材経年など) ・上屋：規模大、切妻、妻入、銅板葺、懸魚、虹梁
	15	小金山神社	野中	本殿：安政４年(1857)(棟札) ・上屋：切妻、平入、瓦葺、トタン葺、虹梁、木鼻、蟇股 籠堂：昭和51年(1976)
	16	大宮神社	野中	本殿：明治29年(1896)(棟札)：神明造、上屋なし
	17	中山神社	野中	本殿：明治２年(1869)(『弥栄町史』) ・上屋：切妻、瓦葺、妻入、懸魚、虹梁、蟇股、木鼻
	18	田中神社	田中	本殿：明治期(『弥栄町史』、様式)上屋：全面トタン
丹後町	01	三柱神社	間人	本殿：19世紀はじめ～中頃(棟札・様式など) ・上屋：規模大、切妻、妻入、銅板葺、懸魚、虹梁 金比羅宮：19世紀はじめ～中頃(棟札・様式など)・上屋：
	02	三柱神社	間人	本殿：文政５年(1822)(棟札、様式など) ・上屋：入母屋、妻入、瓦葺、虹梁、前面向拝付
	05	早尾神社	間人	本殿：籠堂(19世紀以降(様式など))から ・上屋：切妻、瓦葺、虹梁、懸魚
	06	春日神社	徳光	本殿：18世紀後期頃、昭和４年大幅改築(棟札、様式など) ・上屋：切妻、瓦葺、虹梁、拝殿 ・上屋：梁行２間半、桁行３間半、切妻造、桟瓦葺
	07	志布比神社	大山	本殿：寛政３年(1791)頃(棟札、様式など) ・上屋：入母屋、平入、瓦葺、虹梁、木鼻、大瓶束 ・拝殿：梁行１間半、桁行２間、入母屋造、桟瓦葺 ・上屋：梁行３間、桁行２間半、入母屋造、桟瓦葺
	08	姫宮神社	成願寺	本殿：寛政７年(1795)頃(棟札、様式など) ・上屋：入母屋造、平入、瓦葺、虹梁、木鼻、蟇股 ・上屋：梁行２間半、桁行２間半、入母屋造、桟瓦葺
	09	松枝神社	是安	本殿：18世紀はじめ～中頃(様式など) ・上屋：切妻、瓦葺、虹梁、妻入 ・上屋：梁行２間、桁行３間、入母屋造、桟瓦葺
	10	神宮神社	是安	本殿：19世紀以降(様式など)・上屋：切妻、瓦葺、虹梁、妻入 ・上屋：梁行２間、桁行３間、入母屋造、桟瓦葺 ・上屋：梁行１間半、桁行１間半、切妻造、桟瓦葺
	11	三柱神社	三宅	本殿：文久３年(1863)頃(棟札、様式など) ・上屋：切妻、平入、瓦葺、虹梁、木鼻、蟇股 ・上屋：入母屋、瓦葺、妻入、虹梁、肘木
	12	丹生神社	岩木	本殿：嘉永２年(1849)(様式など) ・上屋：切妻、瓦葺、虹梁、妻入 ・籠堂：梁行２間半、桁行３間半、切妻造、桟瓦葺 ・上屋：梁行２間、桁行２間、入母屋造、桟瓦葺
	13	吉永神社	吉永	本殿：明治４年(棟札)・上屋：切妻、妻入、瓦葺、虹梁
				本殿(向かって右側)：17世紀中～後期頃(様式など)

町名	番号	名　称	所　在	推定年代
丹後町	14	八坂神社	矢畑	・上屋：切妻、平入、瓦葺、虹梁 ・上屋：梁行２間、桁行２間、切妻造、桟瓦葺 ・天満宮：(向かって左側)：一間社流造、こけら葺、18世紀初め頃(様式など) ・上屋：梁行１間半、桁行１間半、切妻造、桟瓦葺
	15	三柱神社	竹野	社殿(向かって右)：文化９年(1812)頃(棟札、様式など) ・上屋：切妻、平入、瓦葺、向拝付(簡素) ・社殿(向かって左)：一間社流造、こけら葺、19世紀中～後期頃(様式など) ・上屋：梁行２間、桁行２間、切妻造、桟瓦葺
	16	三柱神社	筆石	社殿(向かって右)：19世紀中頃以降(様式、棟札など) ・上屋：切妻、平入、瓦葺、向拝付 社殿(向かって左)：一間社流造、こけら葺、不明 上屋：梁行２間、桁行２間半、入母屋造、桟瓦葺
	17	竹野神社	宮	本殿：13年(1830)(棟札) ・上屋：切妻、平入、瓦葺、木鼻、斗、絵様肘木・上屋なし、独立 ・斎宮社：文政13年(1830)(棟札) ・拝殿：梁行柱間２間、桁行柱間２間、入母屋造、妻入 ・中門：割拝殿風(向唐門)、梁行柱間２間、桁行柱間９間、中央一間、切妻造、中央正面唐破風、桟瓦葺
	18	熊野神社	此代	本殿：文化２年(1805)(棟札、様式など) ・上屋：入母屋造、瓦葺、懸魚、虹梁、木鼻、連子窓
	19	八柱神社	此代(乗原)	本殿：明治21年(1888)頃(棟札、様式など) ・上屋：切妻、瓦葺、二重虹梁、蟇股、木鼻
	20	八柱神社	鞍内	本殿：19世紀以降(様式など) ・上屋：入母屋、トタン葺、妻入、虹梁、木鼻 ・上屋：梁行１間半、桁行３間、入母屋造、妻入、桟瓦葺
	21	三柱神社	鞍内	本殿：18世紀末～19世紀初め頃(様式など) ・上屋：入母屋、トタン葺、妻入、虹梁、木鼻 上屋：梁行１間半、桁行２間半、入母屋造、桟瓦葺
	22	依遅神社	遠下	本殿：天保13年(1842)(棟札、様式など) ・上屋：入母屋、トタン葺、妻入、虹梁、木鼻 拝殿：梁行２間、桁行２間、入母屋造、桟瓦葺 上屋：梁行２間半、桁行３間、切妻造、桟瓦葺
	23	三柱神社	中野	本殿：弘化２年(1845)(棟札) ・上屋：入母屋造、平入、瓦葺、木鼻、虹梁 上屋：梁行２間、桁行３間、入母屋造、桟瓦葺
	24	八幡神社	井谷	本殿：19世紀中頃以降(様式など) ・上屋：切妻、瓦葺、平入、虹梁、木鼻、蟇股 ・上屋：梁行１間半、桁行１間半、切妻造、桟瓦葺
	25	八幡神社	平	本殿：19世紀中以降(部材経年など)(一部17世紀部材を使用、様式など) ・上屋：・上屋：切妻、銅板葺、平入、虹梁、木鼻、虹梁より上に蟇股、彫刻付
	26	波勢神社	平	本殿：天保６年(1835)頃(棟札、様式など) 上屋：切妻、平入、瓦葺、向拝付
	27	六神社	上野	本殿：明治35年(1902)(棟札)・若宮社(旧本殿)：一間社隅木入春日造、18世紀中～後期頃(様式など) ・上屋：切妻、瓦葺、舟肘木、虹梁、向拝付
	28	三柱神社	上野	本殿：19世紀中期以降(様式など) ・上屋：切妻、平入、瓦葺、向拝付 ・上屋：梁行２間、桁行２間、切妻造、桟瓦葺
	29	産霊神社	上山	本殿：19世紀はじめ頃(棟札、様式など) ・上屋：切妻、平入、瓦葺、向拝付

町名	番号	名　称	所　在	推定年代
丹後町	30	豊住神社	久僧	本殿：18世紀末～19世紀中頃(様式など) ・上屋：切妻、瓦葺、平入、虹梁なし
	31	大野神社	中浜	本殿：一間社流造、こけら葺、19世紀初～中頃(棟札、様式など) ・上屋：切妻、瓦葺、平入、向拝付
	32	三宮神社	中浜	本殿：一間社流造、こけら葺、昭和12年頃(棟札、様式など) ・上屋：切妻、平入、瓦葺、向拝付
	33	八柱神社	尾和	本殿(向かって右側)：安政５年(1856)頃(棟札、様式など) ・上屋：切妻、平入、瓦葺、向拝付
	34	間主神社	袖志	本殿：一間社流造、こけら葺、19世紀中期以降(様式など) ・上屋：切妻、瓦葺、虹梁、連子窓 上屋：梁行２間半、桁行２間、切妻造、桟瓦葺
峰山町	01	金峰神社	吉原	本殿：大正11年(1922)頃(棟札など) ・上屋：切妻、銅板葺、虹梁、拝殿的 ・割拝殿風建物：梁行柱間２間、桁行柱間３間(中央間１間土間)、平入、入母屋造、銅板葺 ・上屋：梁行柱間２間、桁行柱間３間(本殿に接続)
	02	須賀神社	杉谷	本殿：19世紀以降(様式など) ・上屋：切妻、銅板葺、虹梁、拝殿的、懸魚 ・拝殿：梁行柱間２間、桁行柱間３間、平入、入母屋造、桟瓦葺 ・上屋：梁行柱間３間、桁行柱間３間、切妻造、鉄板葺
	03	金刀比羅神社	泉	本殿：一間社流造、昭和５年(1930)(棟札など) ・上屋：上屋なし
	04	久津方神社	菅	本殿：昭和55年(1970)年(棟札など) ・上屋：入母屋、妻入、銅板葺、木連格子、向拝付 ・拝殿：梁行柱間２間、桁行柱間２間、入母屋造、平入、桟瓦葺 ・上屋：梁行柱間２間、桁行柱間３間、切妻造、桟瓦葺
	05	九柱神社	新治	本殿：文化５年(1808)頃(棟札など) ・上屋：入母屋、妻入、瓦葺
	06	神明神社	西山	本殿：　昭和４年(1929)(様式など)・上屋：本殿一体型
	07	稲代吉原神社	安	本殿：安政２年(1855)(棟札など)・上屋：向拝付、切妻、妻入、瓦葺、向拝付
	08	八幡神社	二箇	本殿：嘉永２年(1849)(奉納額など)・上屋：切妻、千鳥唐破風付、銅板葺、向拝、拝殿付
	09	三柱神社	二箇	本殿：19世紀中期以降(様式など) ・上屋：切妻、庇、瓦葺、妻入 平入、瓦葺、向拝付 ・上屋：梁行２間、桁行２間、切妻造、桟瓦葺
	10	八幡神社	鱒留(大成)	本殿：明治22年(1889)(様式など)・上屋：入母屋、瓦葺、妻入
	11	乙女神社	鱒留(大路)	本殿：明治８年(1875)(棟札など) ・上屋：入母屋、妻入、トタン葺、向拝付
		吉野神社		本殿：明治頃(様式など) ・上屋：入母屋造、妻入、銅板葺、向拝付
	12	愛宕神社	五箇	本殿安永７年(1778)(棟札など) ・上屋：入母屋造、もと茅葺、正面入母屋の向拝
	13	船岡神社・天満神社	五箇	船岡神社：明治11年(1878)頃(棟札など) ・上屋：切妻、平入、瓦葺、向拝付 天満神社：明治11年(1878)頃(棟札など) ・上屋：切妻、平入、瓦葺、向拝付
	14	八幡神社	長岡	本殿：大正～昭和初期頃(棟札など)・上屋：大規模独立型

町名	番号	名　称	所　在	推定年代
峰山町	15	名木神社	内記	本殿：文政期頃(棟札など)・上屋：切妻、庇、瓦葺、妻入
	16	波弥神社	荒山	本殿：天保15年(1844)(棟札など) ・上屋：寺院のような塀、門、拝殿、本殿などがある。上屋が本殿化しているor本殿が上屋化している？。
	17	三十八社	荒山	本殿：昭和13年(1938)頃(銘板など)上屋：切妻、妻入、瓦葺
	18	八幡神社	荒山	本殿：昭和６年頃(1931)(棟札など) ・上屋：入母屋、平入、瓦葺、正面向拝付
	19	咋岡神社	赤坂	本殿：明治23年(1890)頃(銘板など) ・上屋：切妻、庇、瓦葺、妻入
	20	熊野神社	石丸	本殿昭和11年(1936)頃(棟札など)・上屋：切妻、妻入、瓦葺
	21	襏枳神社	橋木	本殿：昭和11年(1936)頃(棟札など) ・上屋：切妻、妻入、瓦葺、虹梁、拝殿付
	22	矢田神社	矢田	本殿：18世紀末～19世紀初頃(様式など) ・上屋：切妻、瓦葺、虹梁
	23	多久神社	丹波	本殿：18世紀中～19世紀初(文化11年(1814) ・上屋：切妻、妻入、トタン葺、１擬宝珠銘など)
	24	藤社神社	鱒留	本殿：文化９年(1812)、『峰山郷土史』より ・上屋：切妻、こけら葺、妻部に装飾、向拝付付
		武大神社		本殿：一間社流造、19世紀中頃(様式など)・上屋：向拝あり
	25	高畠稲荷神社	新町	本殿：天保13年(1742)(棟札など) ・上屋：入母屋、平入、瓦葺、虹梁、柱頂舟肘木、妻に懸魚、木連格子
久美浜町	01	熊野新宮社	河梨	本殿：文化３年(1806)頃(棟札、様式など ・上屋：切妻、トタン葺、平入、廊下、拝殿付
	02	三社神社	口馬地	本殿：明治34年(1991)頃(棟札、様式など) ・上屋：切妻、瓦葺、妻入、正面向拝付
	03	村岳神社	奥馬地	本殿：(1749)頃(棟札など) ・上屋：入母屋、平入、瓦葺、向拝付
	04	小頃瀬神社	三谷(口三谷)	上屋：切妻、瓦葺、妻入、虹梁あり
	05	大森椿原神社	三谷(奥三谷)	秋葉神社(向かって左)寛政５年頃(1793)頃(棟札など) ・上屋：向拝付、切妻、平入、廊下、拝殿、向拝付 稲荷神社(向かって右)：寛政５年頃(1793)頃(棟札など)
	06	深谷神社	栃谷	本殿：文化８年(1811)(棟札など) ・上屋：入母屋、瓦葺、正面に虹梁、向拝付
	07	山木神社	栃谷(甲坂)	本殿：文政頃に旧材を用いて再建 ・上屋：切妻、妻入、正面虹梁付
		舞台		
	08	金刀比羅神社	十楽	本殿：明治28年(1895)頃(棟札など) ・上屋：入母屋、妻部懸魚、木連格子、柱頂舟肘木、向拝付、寺院のよう(内部に本殿なし)
	09	神谷神社	新町	本殿天明元年頃(1781)(棟札など) ・上屋：上屋：切妻、妻入、正面虹梁付
	10	産霊七社神社	市場	本殿：昭和10年(1935)頃(棟札など)・上屋：入母屋、懸魚、柱頂舟肘木、廊下、 ・拝殿付(内部の本殿との間に虹梁あり)
	11	天満神社	市野々	本殿：一間社流造、慶応元年(1865)頃(棟札など) ・上屋：入母屋造、瓦葺、平入、廊下、拝殿付
	12	河上三神社	布袋野	本殿：大正８年(1915)頃(様式など) ・上屋：切妻、トタン葺、平入、虹梁、向拝
	13	人麻呂神社	布袋野	本殿：天保11年(1840)棟札など ・上屋：切妻、トタン葺、平入、虹梁、向拝

町名	番号	名　　称	所　在	推定年代
久美浜町	14	大西神社	新庄	本殿：19世紀初～19世紀中頃(様式など) ・上屋：切妻、トタン葺、平入、廊下、拝殿
	15	衆良神社	須田	・上屋：瓦、平入、妻部懸魚、廊下、拝殿あり
	17	三嶋田神社	金谷	本殿：文永12(1829)頃(棟札など) ・上屋：切妻、瓦葺、平入、廊下、拝殿付
	18	伊豆志彌神社	出角	本殿18世紀後～19世紀初頃(様式など) ・上屋：向拝あり、切妻、トタン葺、平入、廊下、拝殿付
	19	伊吹神社	油池	本殿：19世紀中期以降(様式など) ・上屋：向拝あり、切妻、平入、トタン葺
	20	陵神社	坂井	本殿：明治16年(蟇股銘) ・上屋：切妻、トタン葺、妻入、拝殿付
	21	聴部神社	友重	本殿：慶應２年(1866)頃(棟札など) ・上屋：切妻、トタン葺、妻部懸魚 末社：慶應２年(1866)頃(棟札など)
	22	熊野若宮三社	品田	本殿：(海老虹梁、妻部虹梁、妻の大瓶束は旧材を用いているが、そのほかは、19世紀初～中頃) ・上屋：切妻、懸魚、トタン葺、平入、廊下、拝殿、向拝付
	23	金毘羅神社	品田	本殿(1860)頃(棟札など)・上屋なし
	24	芦高神社	芦原	本殿：(規模小さく様式による年代推定は難しいが、向拝頭貫、海老虹梁、妻の虹梁などから19世紀中期以降と考えられる) ・上屋：切妻、トタン、平入、廊下、拝殿付
	25	八立神社	島	本殿19世紀初～中頃(様式など) ・切妻、瓦葺、懸魚、廊下、拝殿付
	26	矢田八幡神社	橋爪	本殿：弘化３年(1846)頃(棟札など) ・上屋：拝殿一体型、上屋は切妻、瓦葺、妻入、
	27	矢田神社	海士	本殿：(部分的に18世紀初め頃の部材を用いながら、18世紀後～19世紀初期頃に建立) ・上屋：切妻、瓦葺、柱頂に木鼻
	28	竹谷神社	新谷	本殿：明治８年(1875)頃(棟札など) ・上屋：切妻、瓦葺、平入、廊下、拝殿、向拝付
	29	伊吹神社	三原(左内)	本殿：19世紀中頃以降(様式など) ・上屋：切妻、瓦葺、平入、廊下、拝殿、向拝付
	30	八柱神社	三原(本三原)	本殿(向かって左)：明治３年頃(1870)頃(棟札) ・上屋：入母屋造、妻入、トタン葺、虹梁
	31	武神社	三原(岡)	本殿：明治後期頃(棟札、様式など) ・上屋：切妻、妻入、瓦葺、虹梁
	32	意布伎神社	三分	本殿：明治22年(1889)頃(棟札など) ・上屋：入母屋、瓦葺、平入、廊下、拝殿、向拝付
	33	八代神社	平田	本殿：大正９年(1920)頃(棟札など) ・上屋：切妻、瓦葺、廊下、拝殿、向拝付
	34	持田神社	壱分	本殿：享保頃(棟札、様式など) ・上屋：切妻、瓦、妻入、廊下、拝殿、向拝付
	35	広峰神社	大井	本殿：明治13年(1880)頃(棟札など) ・上屋：切妻、妻入、虹梁あり
	36	蛭子神社	関	本殿：向拝、龍の彫刻など一部旧材を用いて近代に新築 ・上屋：入母屋、平入、トタン葺、柱頂舟肘木、正面虹梁
	37	春日神社	浦明	本殿文化十年(1813)頃(棟札など) ・上屋：入母屋、妻入、瓦葺、屋根の持ち送りあり、廊下、拝殿、向拝付
	38	雲晴神社	神崎	本殿：文化２年(1862)頃(棟札など) ・上屋：切妻、妻入、瓦葺、廊下、拝殿、向拝付
	39	熊野神社	神崎	本殿：昭和２年頃(1927)(棟札など) ・上屋：方形造、トタン葺、正面虹梁、蟇股

町名	番号	名　称	所　在	推定年代
久美浜町	40	八幡神社	鹿野	本殿：天保２年(1831)頃(棟札など)・上屋：上屋、本殿一体型
	41	丸田神社	甲山	本殿文化８年(1811)(棟札など)・上屋：切妻、平入、瓦、虹梁
	42	岩船神社	葛野	本殿：安政７年(1860)頃(棟札など) ・上屋：切妻、妻入、瓦葺、廊下、拝殿、向拝付
	43	蛭児神社	湊宮	本殿：明治13年(1880)頃(棟札など)・上屋：なし 大川神社：隅木入春日造唐破風付、文政３年(1820)頃(棟札など)
	44	清水神社	湊宮(河内)	本殿：安政３年(1856)頃(棟札など) ・上屋：切妻、平入、トタン葺、廊下、拝殿、向拝付
	45	廣峰神社	大向	本殿：天保２年(1831)頃(棟札など) ・上屋：切妻、妻入、妻部懸魚、トタン葺、廊下、拝殿、向拝付
	46	八坂神社	蒲井	本殿：寛保３年(1743)頃(棟札など) ・上屋：切妻、平入、瓦葺、廊下、拝殿、向拝あり
	47	旭神社	蒲井(旭)	本殿：慶応２年(1866)頃(棟札など) ・上屋：切妻、妻入、瓦葺、廊下、拝殿、向拝あり
	48	三柱神社	郷	本殿：小規模ゆえ年代推定困難 ・上屋：切妻、平入、トタン葺、校倉造、妻部に懸魚、廊下、拝殿、向拝付
	49	賣布神社	女布	本殿：明和６年(1769)頃(棟札など) ・上屋：入母屋、妻入、瓦葺、木連格子、虹梁
	50	布森神社	女布	本殿：明治18年(1885)頃(棟札など) ・上屋：入母屋、妻入、瓦葺、柱頂舟肘木、向拝付
	51	三柱神社	円頓寺	本殿：19世紀後期頃(様式など) ・上屋：入母屋、妻入、瓦葺、虹梁蟇股
	52	貴船神社	竹藤	本殿：天明３年(1783)頃(棟札など) ・上屋：切妻、瓦葺、柱頂舟肘木、廊下、拝殿、向拝付
	53	三柱神社	坂谷	本殿：昭和17年(1942)頃(棟札など)・上屋：本殿上屋一体型
	54	大岸神社	長野	本殿：明治11年(1878)頃(棟札など)・上屋：切妻、瓦葺、妻入、廊下、拝殿、向拝付
	55	高岡神社	永留	本殿：明治41年(1908)頃(棟札など) ・上屋：切妻、平入、トタン葺、廊下、拝殿、向拝あり
	56	天満宮	野中	本殿：隅木入春日造、唐破風付、コケラ葺、文政５年(1822)頃(棟札など) ・上屋：切妻、妻入、瓦葺、廊下、拝殿向拝付
	57	八坂神社	小桑	本殿：、正面向拝の蟇股、木鼻など旧材を残しながら、昭和初期頃に建立 ・上屋：入母屋、瓦葺、妻入、柱頂に平三斗、蟇股を置く。廊下拝殿、向拝付
	58	賀子神社	二俣	本殿：文化14年(1817)頃(棟札など) ・上屋：切妻、妻入、瓦葺、連子窓、廊下、拝殿、向拝付
	59	大森神社	二俣(奥山)	本殿：安政元年(1854)頃(棟札など) ・上屋：入母屋、トタン葺、平入、向拝
	60	二宮神社	尉ヶ畑	本殿：18世紀後～19世紀初め頃(様式など) ・上屋：入母屋、妻入、茅葺、拝殿、向拝付
	61	矢田八幡神社	佐野	本殿：19世紀初め頃(様式など)末社高良神社御霊神社：19世紀中～後期頃(様式など) ・上屋：上屋なし
	62	旗指神社	神谷	本殿：、明治39年(1906)頃(棟札など) ・上屋：切妻、平入、瓦葺、廊下、拝殿、向拝付

的要素が増加する傾向がみられる。

装飾化は、屋根形式や組物、彫刻などに所々あらわれる。屋根は、流造に軒唐破風が付くのに始まり、千鳥破風が取り付けられ、入母屋造妻入へと変化していく。さらに複雑なものでは、平入りの入母屋造に千鳥破風、向拝、軒唐破風をつけるものまで現れる。

組物は、江戸後期になると尾垂木付の二手先または三手先がほとんどで、それも詰組となっている。向拝の組物は、連三斗を二段または三段に組み、彫刻をいれる空間をつくる。彫刻は、組物間や脇障子、木鼻、軒支輪、向拝の中備や軒唐破風、手挟などに多く用いられるようになる。しかし、柱や虹梁など主要部材には彫刻を施さず、彫物の部分と軸部は明確に分離している。

以上のように、江戸後期以降の本殿は、屋根形式や軒まわりが複雑化し、彫刻の量が増加して、社殿全体が豊かに、過飾ともいえるほどに装飾される。この傾向は中規模の本殿で特に顕著にあらわれる。

これに対し大型の本殿については、ほとんどが流造であり、彫刻も比較的少ない。さらに、木津の加茂神社本殿のように装飾をほとんど排除したような、この地域においては復古的ともいえる社殿もみられるが、総じて大型の本殿は、装飾的な要素が中規模本殿に比べて少なく保守的であるといえよう。とはいえ、加茂神社を除けば、時代が下がるにしたがい次第に装飾が豊かになる傾向は大型の本殿においてもみられるといえる。

（中略）

このようにこの地域の社殿建築は、江戸時代を通じて装飾化が進む方向で移ると考えられる。その傾向を最も顕著に表した遺構が日吉神社本殿である。当本殿は、柱間が一間半に及ぶ大型の一間社であり、大工仕事も複雑な組物等を手堅くまとめ、丁寧な作事がなされ、彫刻も中井權次正貞が手がけた良質のものとなっている。当本殿は、江戸後期以降のこの地域を代表する社殿建築といえよう。

（後略）

こうした先学の指摘を踏まえた上で、まず網野町の神社本殿の特徴について述べる。本殿は一間社（向拝付）であり、さらに一間社流造および一間社・入母屋造（妻入および平入）に分類できる。またこの二つの社殿形式に軒唐破風や千鳥破風などが取り付き、「一間社、流造、軒唐破風付」や、「一間社、入母屋造、軒唐破風付」、あるいは「一間社、入母屋造、軒唐破風付、千鳥破風付」といった社殿となる。これらについて年代別に神社本殿の形式をみていくと、一七世紀の建立と考えられる売布神社本殿（08網野町木津）、郡立神社本殿（05網野町公庄）はいずれも一間社流造であり、装飾も控えめでシンプルな社殿である。これが明和七年（一七七〇）建立と考えられる貴船神社（24網野町仲禅寺）になると、一間社、流造、軒唐破風付となり、身舎柱頂部に組物がのるなど、それまでにはない装飾性がみられるようになる（ただし社殿全体を彫刻などで飾るような意識はない）。この一間社流造のタイプは、その後、春日神社本殿（25網野町島津）、貴船神社本殿（07網野町新庄）、春日神社（25網野町島津）、大宇賀神社本殿（03網野町郷）、加茂神社本殿（09網野町木津）、若宮神社本殿（02網野町切畑）、加茂神社本殿（22網野町磯）、稲葉神社本殿（10網野町木津）、生王部神社本殿（04網野町生野内）、白滝神社本殿（27網野町掛津）、真玉神社本殿（12

写真２　加茂神社（網野町、近世期の神社例、文久２年（1862）、棟札）

写真３　二宮神社（網野町　高橋、文政８年（1825）、擬宝珠銘）

写真４　貴船神社（網野町　仲善寺、近世期の神社例、明和７年（1770）、棟札）

写真５　稲葉神社（網野町　木津、近世的様式の近代神社の一例、明治23年（1890）、棟札）

写真６　依遅神社（丹後町　遠下、近世期の神社例、天保13年（1842））

写真７　深田部神社（大宮町　黒部、文政12年（1829）、棟札）

写真８　大野神社（大宮町　口大野、昭和15年（1940）、棟札）

網野町　溝野）と近世〜近代を通して建立される様式であることがわかる。なおこの一間社流造のなかで、もっとも複雑な屋根形式である「一間社流造、千鳥破風、唐破風付」は加茂神社本殿（22網野町　磯）、稲葉神社本殿（10網野町　木津）であり、いずれも幕末期以降にみられる形式である。

「一間社、入母屋造、妻入、軒唐破風付」の本殿は、日吉神社本殿（19網野町　浅茂川）、岩崎神社本殿（01網野町　切畑）、六神社（16網野町　下岡）と近世〜近代に至って用いられた様式である。さらにこの他に「一間社、入母屋造、平入、千鳥破風、軒唐破風付」といった、複雑な屋根形式をもった本殿が志布比神社本殿（14網野町　浜詰）に認められ、以降八柱神社本殿（13網野町　俵野）、愛宕神社本殿（15網野町　浜詰）、八坂神社本殿（11網野町　木津）、護国社（21網野町（現在は日吉神社付属））と多くの社殿で採用されていることがわかる。特に護国社（日吉神社）は網野町域で唯一、身舎・向拝組物を四手先にするなど、網野町における本殿建築の一形式である「一間社、入母屋造、平入、千鳥破風、軒唐破風付」という本殿形式の一つの到達点として興味深い遺構である。

先にも述べたが、近代になってから建立された神明造の神社が、大宮町に四棟、弥栄町に一棟、網野町に二棟確認できた。このなかで大宮町は大野神社（04大宮町　口大野）など四棟が集中しており、この地域では近代以降に神社信仰に対する意識の変化があったと想像できる。もっとも一八六〇年以降の神社が全て、神明造などといった近代を特徴づける様式になったわけではなく、ほとんどの神社は近世期に多く採用された、流造、春日造が中心に建立されている（写真５）。

近代以降の神社の様式のなかで、国家権力に近い神社様式（神明造など）のみで創られた歴史は、近代の一部について語られたものである。言い換えれば、近代神社研究は近代から建立された神社について注目するあまり、実際には明治以降、近世期から主に用いられた神社が流造であり、続いて春日造であるわけであるから（両者で八〇％以上）、近代以降の神社建築を考える場合、こういった近世期から建立された様式を含めて考察する必要がある（近世的様式によって近代に建立されたものも含めた近代神社史の構築）。そうすれば大野神社（写真8）のように、昭和になってから建築家による、新たに創設された神社が採用した様式の成立が、どのように地域へ広がっていったのかについて考察できるし、近世〜近代の地域、神社、地域社会といった事柄の解明にも繋がっていくので、その点も考察の必要があろう。

調査を行った丹後町の神社本殿は、一間社流造が圧倒的に多く、神社によっては唐破風をつけるものもある。一間社流造以外では、三間社が散見される一方、彫刻や組物を豊富に用いた装飾的な神社は、依遅神社（22丹後町　遠下）本殿などがあるが、網野町に較べて少なく、全体的に装飾は少ない。装飾については、弥栄町の神社も多くないため、市域のなかでも網野町より東側では、装飾を造形上の見せ場とすることは少ないと考えられる。

次に峰山町の神社本殿は、一間社流造が多く、神社によっては唐破風をつけるものがある。一方、一間社流造以外では隅木入春日造が多くみとめられる。また神社を彫刻や組物を豊富に用いた装飾的な神社は、九柱神社（05峰山町　新治）、乙女神社、（11峰山町　大路）、名木神社（15峰山町　内記）、多久神社（23峰山町　丹波）などがある。なお峰山町の神社建築において興味深い点は、大宮町や弥栄町など近代期になって建築された神社形式、例えば弥栄町の溝谷神社（11弥栄町　溝谷）のような、近世期には全くみられなかった近代独特の造形はみられなかった。このことは、昭和二年の丹後大震災で大きな被害をうけた金毘羅神社でも同様である。近代になって、近世ではみられなかった様式で神社を新築する神社、近代になっても近世的文脈で建築される神社、これらの区別（判断）が何を根拠に行われたのかについては、今後さまざまな視点からの考察が必要であろう。

また久美浜町域の神社本殿は、一間社流造が圧倒的に多く、神社によっては唐破風をつけるものがある。一間社流造以外では、三間社が散見される。組物を豊富に用いた装飾的な神社は、依遅神社（22丹後町　遠下）本殿などがあるが、網野町に較べて少なく、全体的に装飾は少ない。装飾については、弥栄町の神社も多くないため、市域のなかでも網野町より東側では、装飾を造形上の見せ場とすることは少ないと考えられる。

ところで大宮町や弥栄町などでは、近代期になって建築された神社形式（弥栄町でいえば、大宮神社（16弥栄町　野中）は、近世期にはみられなかった神明造である）がみられない点に特徴がある。これについては、さまざまな視点からの考察が必要であるが、少なくともいえることは、久美浜町の神社建築は、近世的な社殿形態が好まれたといえよう。また久美浜町域では、組物を多用する神社が多く見られた。例えば大森椿原神社（05久美浜町　三谷、海老虹梁上に組物）、深谷神社（06久美浜町　栃谷、中備に木鼻付二手先）、神谷神社（09久美浜町　新町、三手先を用いる）、三嶋田神社（17久美浜町　金谷、縁腰組を三斗でうける）、陵神社（20久美浜町　坂井、中備に木鼻付二手先）、聴部神社（21久美浜町　友重、中備に木鼻付二手先）、八立神社（25久美浜町　島川東、通肘木上に斗を並べる）、竹谷神社（28久美浜町　新谷、中備に木鼻付二手先）、意布伎神社（32久美浜町　三分、縁腰組に皿斗付大斗の上に皿斗付の斗を平三斗とし、木鼻を設ける。また中備に尾垂木付木鼻付二手先）、丸田神社（41久美浜町　甲山、中備に尾垂木木鼻付二手先）、売布神社（49久美浜町　女布、中備に木鼻付出組）、高岡神社（55久美浜町　永留、詰組、尾垂木木鼻付二手先）、天満宮（56久美浜町　野中、尾垂木木鼻付二手先）などのように、組物を意匠上多用するという特徴がみられた。

また久美浜町域では、開放性のある拝殿をもつ神社が多く見られた。例えば三嶋田神社（17久美浜町　金谷）、伊豆志弥神社（18久美浜町　出角）、熊野神社（22久美浜町　品田）、芦高神社（24久美浜町　芦原）、矢田八幡（26久美浜町　橋爪）、賀子神社（58久美浜町　二俣、もっとも開放性あり）、二宮神社（60久美浜町　尉ヶ畑）など、他地域にくらべ、拝殿に壁などを用いない開放的な建物が多く見られた。また網野町などでみられた、割拝殿風建物は多くみられなかった。

さらに大宮町の神社のうち、もっとも多い本殿は一間社流造、これに続いて一間社流造、軒唐破風付、神明造と続く。一方網野町で多くみられた一間社流造、千鳥破風、軒唐破風付の社殿は、心木神社（19大宮町　明田）のみである。また大宮売神社旧本殿のように、一間社隅木入春日造、向拝軒唐破風付といった社殿もみられた。一間社流造、軒唐破風付の社殿の場合、正面の軒唐破風部分に龍などの彫刻を入れるが、木積神社（13大宮町　久住）のように、軒唐破風そのものの立ちの高い社殿や、愛宕神社（12大宮町　三重）のように、軒唐破風のたちが低いものなどが確認できた。

ところで大宮町の本殿のなかで、心木神社（19大宮町　明田）は一間社流造に千鳥破風・軒唐破風をつける社殿であり、彫刻や組物などを多く用いている。これは日吉神社（19網野町　浅茂川）など、網野町でみられた装飾を多く用いた本殿建築との類似性をみてとることができる。一方今回調査を行った弥栄町の神社のうち、もっとも多い本殿は一間社流造であり、神社によっては唐破風をつけるものがある。一間社流造以外では、一間社隅木入春日造がこれに続く。この隅木入春日造は隣接する網野町ではほとんど見られない様式である。一方神社を彫刻で装飾する神社は、早尾神社（03弥栄町　吉沢）、三柱神社（06弥栄町　堤）、深田部神社（09弥栄町　黒部）、吉田神社（12弥栄町　鳥取）などがある。このうち深田部神社（09弥栄町　黒部）は、弥栄町域で唯一の三間社流造であり、彫刻や組物を豊富に用いた装飾性に富む造形を見せ場とする。

四　京丹後市における近代神社本殿建築

今回の調査によって、近代になってから建立された神明造の神社が、大宮町に四棟、弥栄町に二棟確認できた。大宮町では神明造の本殿が四棟みられる。このうち皇大神社（06大宮町　河辺）、若宮神社（21大宮町　奥大野）、大野神社（04大宮町　口大野）は、いずれも昭和十年代の建築である。これらの神社は、京都府の技師が設計・施工などに関係していることから（第二章で詳述）、昭和期の神社建築が、どのような組織や人々が関わって建築されたのかを考える上で興味深い。[7]もっとも一八六〇年以降の神社が全て、神明造などといった近代を特徴づける様式になったわけではなく、ほとんどの神社は近世期に多く採用された、流造、春日造が中心に建立されていた。近代以降の様式のみによる近代神社建築史は、近代の一部について語られた考察であり、注意が必要である。言い換えれば、近代神社研究は近代に建立された神社について注目するあまり、実際には明治以降、圧倒的に建立される神社が近世期から主に用いられた流造であり、続いて春日造であるわけであるから、近代以降の神社建築を考える場合、こういった近世期から建立された様式を含めて考察する必要があると思われる。京丹後市における近世~近代建立の神社のうち、近世期にみられない様式による造形は、約二〇%しかなく、明治以降に建立された神社の八〇%は流造、春日造など近世期に市内で多くみられる様式の建立されていた。いわば近世在郷とその系譜を踏襲する近代神社である。また大野神社（04大宮町　口大野）のように、もともと小さな丘に昭和になってから、新たに建設された神社（神明造）の成立過程からは、国家権力に近い神社様式が、どのように地域へ広がっていったのかについて、近世~近代、神社、地域社会などと共に考察する必要があろう。

おわりに

ある地域を特定し、そこの村々、人々の意向と共に、神社建築がどのように変化していったのか、これを考察せず、近代になっていきなり出現した神社建築のみをとり上げ、近代という時代の神社建築を語ることは、点と点、あるいは節目と節目を繋ぐ歴史学としては成立しても、連続性をもった通奏低音的な建築史学を語ることはできない。今回考察したように結局のところ、近代になったところで、神社建築が大きく変わるのは、むしろ特殊な事例であり、圧倒的に多数の神社本殿は近世期に用いられた神社様式を採用し、そこに村の神が祀られているのである。神明造風の近代の神社のみを近代の神社とみなし、それを時系列、作者などに応じて並べ、グルーピングすることはたやすいことだが、当時の在郷の神社信仰と神社建築を語ることにはなっていないといえるだろう。

繰り返しになるが、本章で強調したい点は、近代になっても、近世以来の神社様式を用い続ける神社が当該地域の神社の大半（約八〇％）であるということである。近代になってから「創造」「発明」された神社様式をもって、近代神社建築史全てとするのは、歴史の一側面に光をあてているにすぎないのではないのではないだろうか。今回の神社の調査・考察は、近代建築研究を手がかりにしつつも、基本的に近世神社建築の遺構調査の手法を用い、合わせて遺構や記録・棟札などを用いて、当該地域の近世建築の様式について検証している。そういった近世神社建築が近代になって、どのような変化をたどるのかについて考察を行うという手法も、地域の近代神社建築を考える上での一つの方法論としての可能性をもつと考える。

今回のように、京丹後市の近世〜近代における神社建築を考察するためにも、悉皆的に調査することが有効であった。こうした手法によって全国の近世〜近代神社建築の特徴と特色が抽出できるとは限らないが、こうした丹念な検証によって近代に入ってからの地域の神社がどう変化したのかを考察することは有意義であろうし、また全国の神社との比較もできよう。現在からみたとき、明らかにそれまでの近世の文脈では理解できない様式のみをピックアップしていっても、決して日本近代神社建築の全てを、さらには神社建築を手がかりにした近代史、近代地域史を描くことはできない。

いずれにせよ、先学の研究も含めて、近世~近代神社建築の諸相が明らかになりつつあるが、残念ながら近代の地域にあった神社建築が、一体どのような建築過程を経て建築されていたのかについての研究はほとんどない。では明治以降の神社建築のうち、昭和期の地域の神社建築は、一体どのような行政手続きを経て建築されていたのだろうか。第二章では、大野神社（京都府京丹後市大宮町口大野、昭和十五年（一九四〇）建立）の拝殿などの建築に関する行政書類『昭和十五年　本殿一部模様替　拝殿其他新築　一件書類』を素材に、この時期建築する際にどのような行政手続き（建築許可申請など）が必要であったのか、あるいは建築の過程でどのような組織、人々が関係したのかについて考察することで近代の神社の建立の一端についてこれを明らかにしたい。

〔注〕

（1）藤原恵洋「「制限図様式」について―日本近代建築における〈和風〉の様式化に関する研究(1)―」『日本建築学会　学術講演梗概集』一九八七年など。ところで藤岡氏の論考は、のちの文化財概念の一つである「近代化遺産」、「近代和風」を構築する論理的裏付けとなった極めて興味深いものであるが、氏の論考を踏まえた上で、いくつか検証すべき点がある。ここで指摘しておきたいのは、はたして近代建築史が西洋建築を中心としたように、近代神社建築史も国家的なレベルでの神社建築史を明らかにするという「点」の物語になっているのではないかと考える（神道文化会編『近代の神社景観』中央公論美術出版、一九九九年）。もちろん、その時代の新しい様式・構造などを明らかにしていくこと、つまり点と点を繋いでいくことこそ、歴史学の最も重要かつ基本的な方法ではある。しかし、そうした方法論で、その時代の他の事柄を語る余地がなくなるかといえば、その考え方を筆者はとらない。もちろん、過去のある時代を、あらゆる視点から検証しても、過去を全て明確にすることは不可能である。しかし、さまざまな視点からその時代を検証することによって、今を生きる私たちが幾ばくか、その時代を実証的に解釈し、現代を考える一つの手がかりを見出すことは、悪いことではあるまい。また歴史学のもつ一つの性質からいえることだが、つねにそれまでなかったモノやコトに焦点をあて、強調して語られる傾向が強い。これについても、藤原氏論考には、一つの限界性を見出さざるを得ない。つまり、近代国家を形成する上で伝統は重要な装置であり、創造しなければならない事柄であったという議論である（国民国家論、創造の共同体）。その意味で近代になって、突如として現れた神社様式は論考すべき対象である。しかしだからといって、近世に数多く建立された神社の様式は、近代になっていきなり姿を消したとも思えない。藤原氏の論考を読むと、まるで角南隆、あるいは国家権力による神道解釈に基づいた社殿が瞬く間に日本中に建立されたかのイメージしかみえてこないのが実情である。つまり本章での筆者の射程は、中央ではない地域で、どのような神社建築が近世～近代という時代の連続性のなかで存在したのか、あるいは時代の断絶のなかで新たに出現したのか、この一端についてささやかな考察を試みるものである。

（2）　藤原恵洋「内務省神社局の初期造営組織について―日本近代建築における〈和風〉の様式化に関する研究(2)―」『日本建築学会　学術講演梗概集』一九八八年。同「創建神社の意匠特質と復古主義的意匠の創出に関する考察―制限図様式と創建神社の意匠に関する研究(2)―」『デザイン学研究』九一、一九九二年。

（3）　青木佑介「制限図の作成過程とその成立時期について」『日本建築学会計画系論文集』五九六、二〇〇一年。同「「神社建坪制限」制定の背景について―明治初期における官費営繕の諸相―」『日本建築学会計画系論文集』五四八、二〇〇一年。

（4）　青木佑介「書評　㈶神道文化会編『近代の神社景観―神社局時代に撮影された神社―』」『建築史学』第三二号、一九九九年。

（5）　青木前掲注（3）。

（6）『日吉神社本殿調査報告書』京都府教育庁文化財保護課、一九九三年。
（7）『大野神社所蔵文書』。

第二章　近世～近代の神社本殿に関する研究

――京丹後市の近代期創立神社建立の行政と神社――

一　研究の目的と背景

近代神社研究については、決して多くない。そんななか、初期の研究としては藤原洋氏の論考がある。第一章でも述べたが、ここでもまとめておく。藤原氏は、①制限図の経緯について、②制限図の意匠的特質について、③神社行政について、以上三つの視点から近代神社建築を明らかにしようと試みている。①では明治二十二年（一八九〇）九月十六日内務省訓令第五四二号で公にされるまでの制限図の作成過程を詳細に明らかにした。また作成過程から制限図が限られた予算下において全国一律の様式的普遍形式を生み出す規制的標準設計の役割を担っていたと指摘した。②では制限図の規制内容を平面と造形的規制にわけ、制限図が流造本殿・入母屋造拝殿を中心とする独立社殿構成を基調に制定した点を指摘した。③では神社造営組織の経緯と、内務省神社局の初期造営組織について明らかにした。このうち神社造営組織の経緯は、明治十年（一八七八）社寺局の設立を発端に、昭和二十一年（一九四六）内務省が廃止されるまでの経緯を明らかにしている。また内務省神社局の初期造営組織については、明治後半期の造営陣の大半が伊勢神宮式年遷宮担当の造神宮使庁任務と兼務であったことを明らかにした。加えて明治期後半の内務省神社局の造営組織は、極めて限定された人員で構成されていた点を明らかにした[1]。

ところで藤原氏の視点の一つである制限図の経緯について、さらに詳細に考察したのが青木佑介氏である。青木氏は従来の研究で、見過ごされてきた史料を用い、制限図の作成経緯について再検討した結果、従来誤認または見過ごされていた点について明らかにした。つまり従来の研究では、制限図の作成過程について十分な配慮がされていなかったこと、さらに制限図の成立時期について従来の説とは異なった見解を指摘した[2]。

また藤原氏らが示した近代神社建築研究の視点を総括的に受け継ぎ発展させたものとして、藤岡洋保氏の一連の論考がある。特に『近代の神社景観—神社局時代に撮影された神社—』（神道文化会編、中央公論美術出版、一九九八年）に収められた論考「内務省神社局・神祇院時代の神社建築」は、それまでの一九八〇年代～一九九〇年代にかけての近代神社研究を総括するとともに、今後の研究の方向性を示した内容といえる。このなかで藤岡は、明治神宮造営について、伊藤忠太らが造営で得た経験をその後の神社造営に反映させたという点で近代神社建築史上重要な位置を占めると指摘している。

このように先学の研究によって、近代神社建築の諸相が明らかになりつつあるが、残念ながら昭和期の地域にあった神社建築が、一体どのような建築過程を経て建築されていたのかについての研究はほとんどない。では明治以降の神社建築のうち、昭和期の地域の神社建築は、一体どのような行政手続きを経て建

写真１　大野神社境内

写真２　大野神社拝殿

写真３　大野神社本殿

築されていたのだろうか。本章では、今回確認された大野神社[3]（京都府京丹後市大宮町口大野、昭和十五年（一九四〇）建立）の拝殿などの建築に関する行政書類（「昭和十五年　本殿一部模様替　拝殿其他新築　一件書類」）を素材に、この時期建築する際にどのような行政手続き（建築許可申請など）が必要であったのか、あるいは建築の過程でどのような組織、人々が関係したのかについて考察する。

二　大宮町大野神社の建物

神社は正面柱間三間、桁行二間、逆凸形、切妻造、檜皮葺の拝殿を置き、向かって左側に梁行柱間一間、桁行柱間二間、切妻造、檜皮葺の神饌所、向かって右側には同規模の楽舎を配する（神饌所、楽舎とも前面に物入れを置く）。

拝殿正面柱間一間は、もろ折れの板扉、後ろ二間は板壁とする。背面のうち、中央間は建具などを装置しない他は、左右柱間とも蔀戸とする。柱はすべて円柱、両側面後ろ一間通りのみ地貫を設ける。柱の上部は正背面中央一間のみ一段高く打った内法長押でこれを固め、柱が直接桁を受ける。桁の上には梁が渡され、叉首を組んで棟木を受ける。天井は張らず、屋根には鞭掛・千木・勝男木を置く。なお拝殿背面からは切妻造の祝詞舎が本殿に向かってのび、本殿前面の屋根と接続される。

本殿は正面柱間三間、側面柱間二間、切妻造、檜皮葺で神明造とする。柱は亀腹の上に礎石を置き、その上にのる。正面に向拝はなく、擬宝珠付高欄をともなった七級の木階を設け、四方に縁をまわす。身舎は円柱を切目長押・内法長押で固め、柱頂には舟肘木をのせ桁を受ける。正面は中央柱間一間を広くとり、両側を板壁、中央にはもろ折れの板戸を装置する。なお本殿には棟持柱を設け、屋根には鞭掛がきあり、千木・勝男木がのる（なお『大宮町誌』によると、昭和二年三月七日の丹後大地震後も、社殿は損傷のみであったというが、部材の経年などから、拝殿などとそれほど変わらない時期に作事されたと考えられる）。なお拝殿・神饌所などは棟札から昭和十五年であることがわかる。

本社には、『昭和十五年　本殿一部模様替　拝殿其他新築　一件書類』と題された記録がある（大野神社所蔵、以下「大野神社記録」と呼ぶ）。この「大野神社記録」は、昭和十四〜十六年にかけて行われた現在の拝殿、神饌所、祝詞舎、瑞垣、社務所の新築、および本殿の修理に関する行政とのやりとりの過程、建設計画および実施図面、建築のための奉賛会の趣意書・規定などがファイルに一括して綴じられている。つまりこの記録は、大野神社建設に関わるさまざまな書類、図面が綴じられ、当時の神社建築の過程とそれに関わる行政、あるいは地域社会などを知る上で貴重な記録であるといえる。そこで改めて本章では、この「大野神社記録」を手がかりに、昭和期における当該地域の神社建築の形成過程と、これに関わる人々の様子について考える。

「大野神社記録」のはじめには「大野神社奉賛會趣意書」が記載されている。この趣意書には大野神社の沿革をはじめ、境内施設の整備の「公式の必要」性が明記されている。

（前略）

大野神社主要施設要項

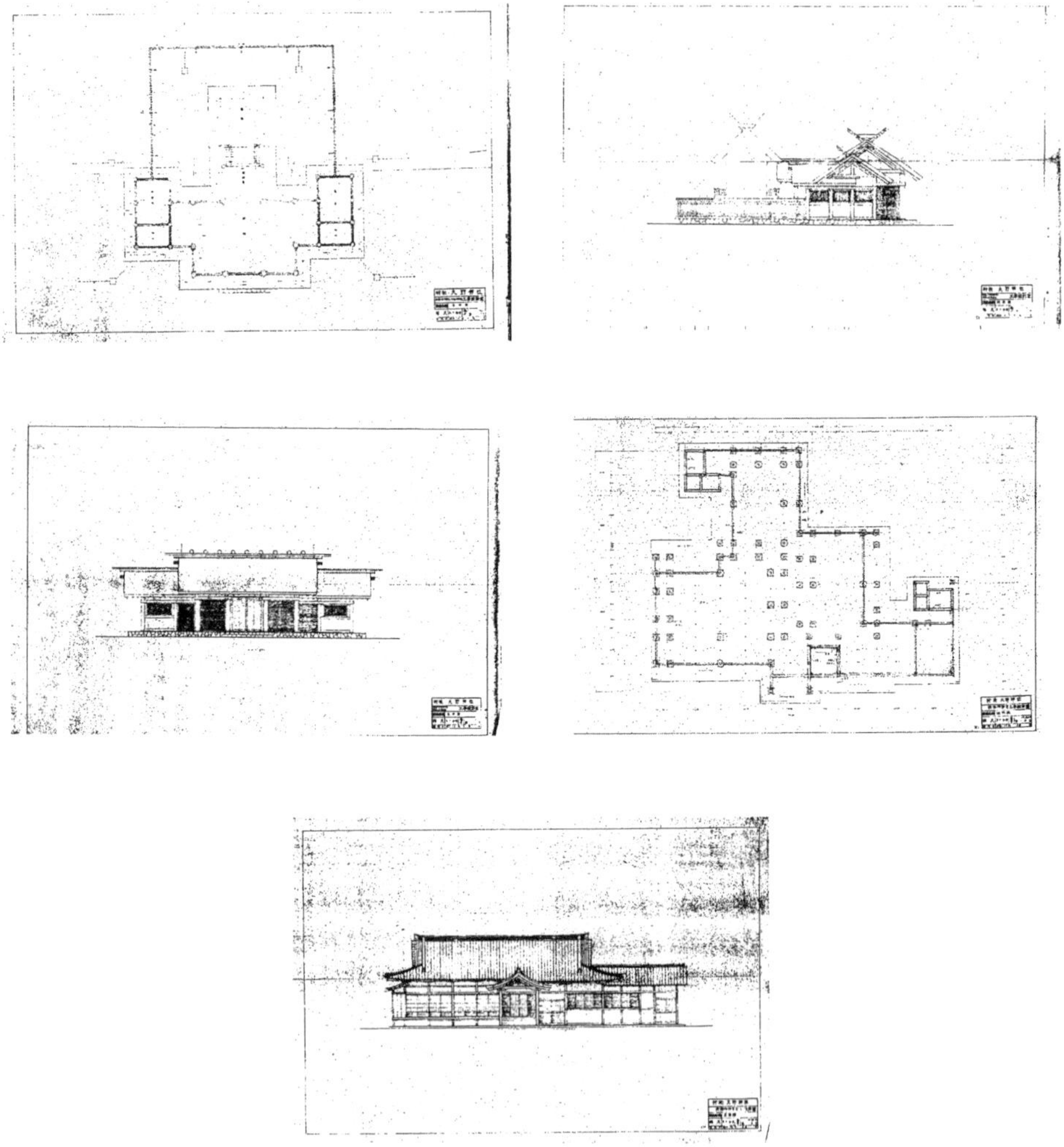

図１　大野神社、当時の図面コピー

一、本殿周圍の瑞垣新設
二、祝詞舎の延長
三、拝殿新築（約二十坪）
四、神饌所新築（約五坪）
五、社務所新築（約三十坪）
六、昇格請願
七、基本金の蓄積
八、氏子並に崇敬者名簿の調製
　昭和十四年十一月
村社　大野神社奉賛會發起人
口大野村長　小牧　常平
氏子總代　小西　清治
同　石河　英一
同　堀　太兵衛
（後略）

これによると、奉賛会発起は、拝殿、神饌所、社務所などの新築、および祝詞舎の延長と社格の昇格が主な目的であったことがわかる。

「大野神社奉賛會趣意書」に続いて「大野神社奉賛會規定」の記載がみられるが、ここには施設整備の理由が記載されている。

大野神社奉賛會規定

第一條　本會ハ大野神社ノ主要施設ヲ整備シテ皇紀二千六百年記念事業ノ達成ヲ翼賛スルト共ニ神威ヲ發揚シ奉賛ノ誠意ヲ顕現スルヲ以テ目的トス

第二條　本會ハ大野神社奉賛會ト稱シ事務所ヲ口大野村役場ニ置ク

第三條　本會ハ大野神社氏子崇敬者及有志ノ加入ニ依ル會員ヲ以組織ス

第四條　本會ノ事業ニ要スル經費ハ會員ノ醵出金ヲ以テ之ニ充ツ

第五條　本會ニ左ノ役員ヲ置ク

會長一名　副會長一名顧問若干名

專務理事一名　會計三名監事三名

理事十三名

第六條　會長ハ本會ヲ代表シ會務ト總理ヲ副會長ハ會長ヲ補佐シ會長事故アルトキ之ヲ代理ス副會長ハ會長ヲ補佐シ會長事故アルトキ之ヲ代理ス顧問ハ本會ノ重要ナル會務ニ付會長ノ諮問ニ應ス事務理事ハ會長ノ命ヲ享ケ會務ノ一切處理ス會計ハ金銭出納ノ事務ヲ掌ル

第七條　會長、副會長、事務理事、會計及監事ハ發起人會ニ於テ推薦決定ス顧問ハ會長之ヲ以テ之ニ充ツ

（以下略）

以上の規定からは次の事柄を知ることができる。まず神社整備の目的が「皇紀二千六百年記念事業ノ達成ヲ翼賛スルト共ニ神威ヲ發揚シ奉賛ノ誠意ヲ顕現スルヲ以テ目的トス」であること（第一条）、また本会の事業に関する経費は会員の醵出金によってまかなわれていたこと（第四条）などがわかる。

奉賛会の規定をこのようにみたとき、特に第一条はこの時代を物語った印象的なものであるといえよう。昭和十四年前後といえば、昭和十二年（一九三七）には三国防共協定が、昭和十三年（一九三八）には国家総動員法が公布、昭和十五年（一九四〇）には日独伊三国軍事同盟成立など、目まぐるしく変わる時代であったと考えられ、こういった時代背景に加え、皇紀二六〇〇年という時代の背景のもと、大野神社の整備が行われたのである。

では神社諸施設の整備を行うに際し、どのような行政手続きが必要であったのであろうか。ここでは、「大野神社記録」におさめられている行政書類を手がかりに、神社諸施設を建設する上で必要な行政手続き、さらにはこうした書類から垣間見ることができる、当時の神社建築建設に関わる組織・社会・人々などについて考察する。

三　建築許可行政に必要な書類について

「大野神社記録」には、建築許可申請上必要な書類から、建築行政上必要な手続きと、手続きに必要な書類を確認することができる。これらおおよその書類の種類は、建築許可申請、申請に対する行政指示、建築許可證、建築許可通知、基本設計委託申請、基本設計委託承諾、基本設計交付、実施設計委託申請、実施設計承認、実施設計交付、建設監督委託申請、建築監督承認、以上にわけることができる（なお今回用いている書類名はいずれも仮称である）。

次にこれらの書類から、各建築物がどのような時間的経過を経て手続きを実施していったのかについてみていく。

①昭和十四年十二月八日、基本設計を京都府へ申請・同年十二月二十一日、承認（知事）
②昭和十五年三月十一日、実施設計承認（知事）
③昭和十五年四月一日、監督申請（知事）
④昭和十五年六月一日、建築許可申請（知事）
⑤昭和十五年六月十日、建築許可申請に対する指示（京都府社寺課長）・基本設計交付（京都府学務部長）
⑥昭和十五年六月二十日（十四日）、建築許可（京都府）
⑦昭和十五年六月二十二日、監督承認（知事）・実施設計交付（京都府学務部長）
⑧昭和十五年十二月十七日、落成

以上のような手続きをとっていたことがわかる。このように昭和十四年十二月～昭和十五年四月にかけて建築物の基本設計・実施設計・監督の申請と承認を受けたのちに、建築許可申請と許可や、基本設計の交付が昭和十五年六月に集中して行われていたことがわかる。このことから、神社側としては、まずどういった類の建築物を建設したいのかの大枠について京都府と相談し、承認を受ける必要があった可能性がみてとれる。一方京都府側は神社の委託に対し、基本設計、実施設計、監督の作成を行った上で、神社側へ建築許可申請を提出させ、許可するといった手続きを行っていた可能性が考えられる。

1　社務所の建築許可申請手続き

次に社務所についても、建築申請関連書類の日付のみを時系列で並べると以下のような手続きをとっていたことがわかる。

①昭和十四年十二月八日、基本設計を京都府へ申請・同年十二月二十一日承認（知事）
②昭和十五年五月五日、実施設計申請（知事）
③昭和十五年六月二十二日、実施設計承認（知事）・実施設計交付（学務部長）
④昭和十五年八月二十日、建築許可申請（知事）
⑤昭和十五年八月二十二日、建築許可證
⑥昭和十五年九月四日、建築許可（京都府）

ここで注意したいのは、社務所は基本設計・実施設計の交付については拝殿・神饌所などと同じであるが、建築許可申請は拝殿などが昭和十五年六月一日であったのに対し、昭和十五年六月二十二日となっている。これについては以下の記録が手がかりとなる。

神社建物増築ノ義許可申請

京都府　中郡　口大野村

四百三十四番

村社　大野神社

當大野神社ニ於テハ紀元二千六百年記念事業トシテ主要施設ノ整備ヲ企画シ□□六月三十日付京都府指令五社第一四五號ヲ以テ、拝殿外三棟等建築ノ許可ヲ受ケ目下工事進捗中ニ候處、更ニ篤信者ノ工費献納ニ依リ左記ノ通社務所ヲ増築ノ義御許可相成度関係書類相添ヘ此段申請候也

記

一社務所　　一棟　建坪七拾七坪　八合八勺強

一総工費　　金貳萬壱千九百貳拾六圓

一建築財源　大野神社奉賛會寄附金

一竣工期限　昭和十五年拾貳月参拾壱日

昭和十五年八月貳拾日

右　大野神社

社掌　　島谷　□夫　印

氏子総代　　堀　利助　印

同　　井上　徳治　印

同　　堀　久治郎　印

京都府知事　川西實三殿

このように社務所は、拝殿や神饌所の許可申請後に申請しているわけであるが、この理由として直接神事そのものを行うことの少ない付属施設については、神社における「主要設備」の申請と建築許可後の方が、建築許可が認可されやすかった可能性として考えることができる。

2　申請の過程

改めて神社の申請をみると、①神社側の基礎設計・実施設計・建築監督の委託申請と京都府の承認、②神社側の建築許可申請と京都府の許可、③京都府側の基本設計・実施設計交付、以上のような一つの流れが認められる。まず神社側は昭和十四年十二月八日、拝殿・神饌所・祝詞舎・瑞垣・社務所の基本設計を京都府知事へ申請する。その後、昭和十四年十二月二十一日、知事から神社へ、拝殿・神饌所・祝詞舎・瑞垣・社務所の基本設計の承認を行い、さらに昭和十五年三月十一日、知事から神社へ拝殿・神饌所・祝詞舎・楽舎・玉垣に対する実施設計の承認が行われる。また昭和十五年四月一日には、神社側が知事へ拝殿・神饌所・祝詞舎・楽舎・玉垣の建築監督申請を行っている。

以上は、社側の基礎設計・実施設計、建築監督の申請と京都府側からの承認であるが、この三つの申請と承認の二ヶ月後の昭和一五年六月一日に神社から許可申請が行われ、六月十日には基本設計の交付と、その四日後の六月十四日に許可證が発行、六月二十日には許可申請が許可され、六月二十二日には京都府学務部長から神社へ実施設計が交付されている。つまり神社は拝殿などの基礎設計、実施設計などの申請を行いつつ、京都府とのやりとりを行い、具体的な建築物の設計の落とし込みを行い、それらがある程度具体化した段階で、神社側が建築許可申請を行い、基本設計の交付、実施設計の交付が行われた。

拝殿・神饌所・祝詞舎・楽舎・玉垣について、このような申請手続きが行なわれたのに対し、社務所に関しては建築許可申請と建築許可が少し遅れたかたちで行われている。このことは神社側が拝殿など神社本殿に直接関係する施設の許可がおりた後、本殿に付属する社務所については、のちに申請を行っていることから、手続き上での何らかの手法を垣間見ることができる。また拝殿や神饌所などの基礎設計や実施設計の交付は、京都府学務部長が行っている点は、こうした神社の委託設計を考える上で重要である。

3　委託料と関係する機関、役職、人物

ところで各建築物の基本設計・実施設計・監督などの委託については京都府に手数料を支払う必要があったようである。このうち基本設計の委託に際し、京都府へは拝殿・神饌所・祝詞舎・瑞垣・社務所に対する基本設計委託の承認に際し手数料として一万一二五〇円が必要であった。また基本設計の交付については、一万九三五八円の手数料が要求されている。一方、拝殿・神饌所・祝詞舎・楽舎・玉垣の実施設計承認の際の手数料は四九〇円四〇銭、社務所は四〇〇〇円となっている。

さらに拝殿・神饌所・祝詞舎・楽舎・玉垣の監督承認に関わる手数料は、五万六七九四円となっている。また各建築物の委託設計料についてみると、拝殿・神饌所・祝詞舎・楽舎・玉垣・社務所の合計が四八三万九七四九円。これに対し実施設計料が二〇〇万二四二九円となっている。

次に建築物建設に関わった人々についてみると、興味深いのは大野神社の拝殿・社務所などの新築に関連する行為、つまり基本設計計画、実施設計、施工監督、などについて京都府の役人（社寺課など）が関与していた点である。このことは棟札に「工事設計者　京都府社寺課　安間立雄、仝監督　仝　風間利之」とあることから明らかである。また安間は、拝殿などの釘の調達などに関して、大野神社に直接手紙による指導を行っているなどの役割を担っていたことがわかる。

なお京都府社寺課の安間立雄は、昭和十六年（一九四一）五月着工、同年十二月竣工の若宮神社（大宮町奥大野）にも関わっていることが若宮神社境内の石碑から確認できる。

（前略）

昭和二年三月奥丹後ヲ襲ヒシ大地震ニ依リ社殿其他倒潰シタルヲ以テ……（中略）……造営ヲ行ナフコトヽナリ京都府庁安間立雄技師ノ指導ヲ受ケ昭和十六年五月工ヲ起セリ。

（後略）

また風間利之は網野町の網野神社手水舎建立棟札に「設計並監督　京都府技手　風間利之」とあることから、複数の京都府技師（手）が、当該地域の神社建築の設計・施工に関係していたことがわかる。ただ実際に彼ら京都府の技師がどこまで関係していたのか（例えば実施設計まで具体的に設計していたのか、関連業者へ依頼していたのか）については明らかではない。今回の拝殿や祝詞舎に関する建築申請書類を見る限り、「委託」とあること、また実施設計に関しては神社側が京都府へ、かなりの設計費を捻出していることなどは、京都府下の神社建築に対する京都府の関与を考える上で興味深い。

おわりに

繰り返しになるが、大野神社に関するこれまでの考察をまとめておく。まず、近代神社建築は一体誰が設計していたのであろうか。例えば国家の象徴としての神社であれば、著名な建築家が設計するわけであるが、今回の村社である大野神社の記録を見る限り、神社側は計画・実施設計、さらには監督まで京都府へ委託していた。もしそうだとするなら、大野神社は京都府社寺課の安間立雄、風間利之が、若宮神社であれば安間立雄が設計を行ったことになる。あるいは彼らはあくまで設計に対する指導・意見を行うだけで、カタチへの落とし込みと詳細決定については、下請けへ依頼していたのか、などについては今回これを明らかにすることができなかったが、安間、風間が設計に大きく関わっていたことは間違いない。

さて先にも述べたが、近代の神社研究で多く取り上げられる「国家と神社建築」以外に、地域の神社が行政的指導などをふくめ、どのようなプロセスを経て、どのような権力・組織・社会・地縁・人々を巻き込んで（あるいは巻き込まれて）建築されていったのか、これについては今後の課題である。神社建築を国家との関わりでみることも重要な研究視点であるが、「地域の鎮守」が果たして、そういった国家と神社といった視点のみで描ききれるのか。あるいは、もっとそれ以前からある価値観、意識といったものでみないとみえない事柄があるのではないか。今後はこういった視点からも、地域の神社をみていく必要があろう。

昭和期という国家総動員体制下で、地域の神社建築プロセスが、一体どうであったのか、今後はこうした部分についての研究が必要である。近代の国家総動員体制というフィルターで見えるものばかりを描けば、紋切り型の近代神社像しかみることはできないわけであって、そういったフィルターから抜け落ちた部分から近代の神社をみることが既存の研究には少なかった。本章ではそういった時代のなかにありながらも、それ以前からその地域に永らくある価値観や意識が、神社建設プロセスと造形に認められる可能性を解明するきっかけになれば幸いである。

〔注〕

（1）藤原恵洋「「制限図様式」について―日本近代建築における〈和風〉の様式化に関する研究(1)―」『日本建築学会　学術講演梗概集』一九八七年。「内務省神社局の初期造営組織について―日本近代建築における〈和風〉の様式化に関する研究(2)―」『日本建築学会　学術講演梗概集』一九八八年。同「明治期制限図の制定経緯と意匠規制に関する考察―制限図様式と創建神社の意匠に関する研究(1)―」『デザイン学研究』九一、一九九二年。同「創建神社の意匠特質と復古主義的意匠の創出に関する考察―制限図様式と創建神社の意匠に関する研究(2)―」『デザイン学研究』九一、一九九二年。

（2）青木祐介「制限図の作成過程とその成立時期について」『日本建築学会計画系論文集』五九六、二〇〇一年、同「「神社建坪制限」制定の背景について―明治初期における官費営繕の諸相―」『日本建築学会計画系論文集』五四八、二〇〇一年。

（3）大野神社の由緒については以下の論考がある。小山元孝「近代丹後における神社境内と由緒の創出について」『日本宗教文化史研究』二一―一、二〇一七年。

第三章　神社の小規模上屋の研究

一　研究の目的と背景

本章では、神社の本殿を考察するのではなく、主に小規模な上屋を考察するものである。今回考察の対象とした京都府京丹後市（S造、RC造、小祠を除く一七四社）では、神社本殿のために多くの上屋を確認することができた。それだけ小さい規模から大規模まで上屋が多く設けられるものであったといえる。後述するが上屋は、先ず切妻で正面に開口部のみを持つタイプ、入母屋になるタイプ、続いてこれの正面入口上の梁が虹梁型になっているものがある。また上屋の前に向拝のようなものを付加するタイプがあるが、これには向拝のようなものと明らかに向拝のものがある。また上屋に廊下・拝殿が取り付き、その前に向拝をつけるもの、そして上屋を必要としない――大概は大規模――神社がある。なお、神社本殿を囲う建物を覆屋ということもあるが、ここでは地元の呼び名で上屋（うわや）と呼ぶ。

以下、京丹後市における神社の傾向も含めて議論をはじめたい。個別の神社を事例にしつつ、各地域の神社の上屋の特質について述べ、上屋の建築化について考察を試みる。

もちろん当該地域の神社も合間や拝殿を設けるもの、生垣を設けるもの、さらには門まで設けるものもあることは事実である。しかし今回の論考で注目するのは上屋であることを予め断っておきたい（神社の変遷については本書第一・二章を参照）。

二　神社本殿の上屋について

さて上屋といっても実にさまざまで、小屋程度のものもあれば神社本殿のようなものまである。今回の地域で上屋のないものは大規模な神社以外ゼロであった。そこで京丹後市域一七四社を元に、神社の上屋について若干の考察を試みたい。なお考察の主な資料には写真を用いた。平面図ではわかりづらいからである。平面図をみたい諸氏は、拙著による各町の報告書を参考にして頂きたい（京丹後市文化財保護課に全冊が揃っている）。

三　上屋の分類と特色

はじめに神社建物のパターンについて簡単に述べておきたい。まず上屋のみ、切妻で正面に開口部のみを持つタイプがある（写真2、3、25）（写真の神社名の後についている番号は、神社分布図と連動している）。続いてこれの正面入口上の梁が虹梁型になっているものがある（写真01、04～17、19、20～23、25、27、29）。また柱上に舟肘木など装飾化するものがある（写真53）。さらに上屋の前に向拝のようなものを付加するタイプがあるが、これには向拝のようなものと（写真16～18）明らかに向拝のものと（写真26、30、31、32、35～47）に分かれる。次に上屋の前に拝殿が設けられるタイプがある。これも小屋程度のものと完全な拝殿のものにわかれる。さらに上屋と拝殿を廊下で結ぶもの（写真48、49、52～54）、上屋と拝殿を廊下で結び、向拝を設けるものなど（写真57）、がある。

大規模な神社では上屋がなく、本殿のみであって（写真36）、本殿内部に浄土真宗のような三ツ並仏壇のように御神体を祀るものなども確認した。

さて上屋のみある神社の議論に戻そう。神社本殿の上屋には、いくつかのタイプに分類することができる。まず本殿から雨風を防ぐ必要最低限の上屋である（タイプA）。次に、上屋入口上部に虹梁を渡すものがある（タイプB）。さらに上屋上部に舟肘木を設けるもの（タイプC）。さらに上屋の前に向拝のようなものを設けるもの（タイプD）がある。

本章で注目したいのは、タイプBである。タイプBは、雨風から守るための最低限の施設にも関わらず、入口上部の梁を虹梁型にしている点である。一見見過ごしがちなこの虹梁型の梁、筆者はこれが神社を考える上で重要であると考える。小さな鎮守を守る上屋の正面に設けられた虹梁、しかしそこにも、せめて正面ぐらいは宗教的な存在たらんことを主張しているかのようである。当時の村人の信仰の一端をこのような、ちっぽけな部分から読みとろうとするのは、読み込みすぎであろうか。筆者はそうは思わない。この虹梁型の梁は、上屋も必要のないほどの巨大な宗教施設の宗教信仰に負けず劣らず、力強く信仰を表現していると思うからである。信仰のシンボルである。その証拠に貴船神社（写真7）の社は上屋を新築にしてもこの虹梁型の梁だけは以前のものを使用している。こうした事例からも上屋中央入口上部の虹梁型の梁は在郷の神社信仰を考える上で重要な存在であると考える。言い方を換えれば、この正面入口の虹梁がそのほかのタイプの神社の装飾化、巨大化の原点であるといえ、その意味でもこの虹梁は非常に大切かつ重要なものである。

筆者は、こうしたささやかな行為から神社における信仰の一端をみることで、地域の神社に対する尊敬と畏敬を読みとることも神社建築史の目線であると考え、今回このような考察を行った。信仰に規模は関係しない。小屋ともいえる上屋にも、虹梁を設ける行為そのものこそ、信仰の意味を考えさせる。正面上部の虹梁は、こじんまりした神社であるが、控えめなものから多飾なものまである。いずれも村人の神社に対する敬意を感じるものであるといえよう。これ以上の規模の神社は、巨大化していくように思われると共に、何か村の「見栄」のようなものを感じる。上屋の虹梁は、それがどんなに小さなものでも、神社であることを表象しているといえよう。表象するのはもちろん人々である。

本章はあくまで小規模な上屋の考察なので、廊下、拝殿、向拝についての議論は今後の課題とする。

おわりに

以上、地域における神社の上屋について述べた。ここから今後の課題について述べていきたい。いうまでもなく、上屋は社殿より遅れて建設されるし、台風などの被害で部分的な修理、あるいは全面的な新築をしている事例も認められた。欲をいえば、上屋の建立年代を知りたかったが、様式的根拠に乏しく、それは達成できなかった。今後の課題である。また他の地域との比較もできなかった。これについても今後の課題としたい。いずれにせよ、上屋の宗教施設化の一端は示唆できたかと考えている。

写真１　岩崎神社（01網野）

写真２　若宮神社（02網野）

写真３　豊住神社（30丹後）

写真４　郡立神社（05網野）

写真５　二宮神社（06網野）

写真６　八柱神社（13網野）

写真７　貴船神社（24網野）

写真８　心木神社（19大宮）

写真９　田中神社（07弥栄）

写真10　八柱神社（10弥栄）

写真11　溝谷神社（11弥栄）

写真12　丹生神社（12丹後）

写真13　吉永神社（13丹後）

写真14　八坂神社（14丹後）

写真15　三柱神社（23丹後）

写真16　稲葉神社（10網野）

写真17　国原神社（01弥栄）

写真18　田中神社（18弥栄）

写真19　八幡神社（25丹後）

写真20　矢田神社（22峰山）

写真21　高畠稲荷神社（25峰山）

写真22　山木神社（07久美浜）

写真23　人麻呂神社（13久美浜）

写真24　多久神社（23峰山）

写真25　武神社（31久美浜）

写真26　木積神社（13大宮）

写真27　八柱神社（30久美浜）
※屋形の例

写真28　丸田神社（41久美浜）

写真29　三柱神社（09峰山）

写真30　延利権現（18大宮）

写真31　三柱神社（16丹後）

写真32　大森神社（59久美浜）

写真33　神明神社（06峰山町）

写真34　稲代吉原神社（07峰山町）

写真35　広峰神社（35久美浜町）

写真36　金刀比羅神社（08久美浜）

写真37　村岳神社（03久美浜）

写真38　咋岡神社（19峰山）

写真39　真玉神社（12網野）

写真40　愛宕神社（15網野）

写真41　愛宕神社（12大宮）

写真42　乙女神社（11峰山）

写真43　河上三神社（12久美浜）

写真44　八幡神社（08峰山）

写真45　河上三神社（12久美浜）

写真46　神明神社（06峰山）

写真47　高森神社（17大宮）

写真48　石上神社（05弥栄）

写真49　売布神社（08網野）

写真50　奈具神社（08弥栄）

写真51　三十八社（17峰山）

写真52　三柱神社（06弥栄）

写真53　生王部神社（04網野）

写真54　水無月神社（20網野）

写真55　六神社（27丹後）

写真56　波弥神社（16峰山）

写真57　春日神社（37久美浜）

写真58　竹野神社（17丹後）

第四章　普請に関わった人々

一　丹波柏原の彫刻師中井氏について

本章は、一九九七～二〇〇三年にかけて行った京都府京丹後市での寺社悉皆調査において、確認された普請に関わった人々の諸相について考察したものである。

網野町には、丹波柏原の彫刻師中井氏による仕事がいくつか確認できる。中井氏については日向進の詳細な論考がある。(1)日向によると、中井氏は丹波柏原（現在の兵庫県丹波市柏原町）にあって代々彫物を家職としてきた。その作品は但馬、丹波、丹後、播磨に及ぶ範囲に所在しており、現存建築物で中井氏と確認できる仕事は四二ヶ所、地元柏原町、京丹後市市域である久美浜町、網野町、さらには福知山市など広範囲に及んでいたことがわかる。今回の調査地域である網野町では、日吉神社本殿（六代目中井権次正貞）、六神社（七代目中井権次橘正次）、明光寺本堂の向拝彫刻（九代目中井権次）（写真1）が新たに確認できた。このうち明光寺本堂の向拝にある龍の彫刻銘には「「丹後宮津　彫刻師　中井權次　九代目　貞□」とあり、宮

写真１　明光寺本堂向拝（久美浜町）

写真２　三嶋田神社本殿向拝（久美浜町）

写真３　日吉神社向拝（網野町）

津市在住の中井氏による仕事であることがわかる。

また久美浜町では金谷の三嶋田神社（写真２）、丹後町の遠下の依遅神社が新に確認できた。中井氏は幕末から近代にかけて活躍した大工であり、向拝正面に置かれる龍の彫刻などを得意としていた。

ところで網野町の浅茂川には、中井が手がけた神社と、近代に建立された神社が並存している。向かって右側が中井の手がけた神社であり、彫刻による装飾が非常に多い日吉神社（文政十年（一八二七）・写真３）と、昭和十八年（一九四三）に建立された神明造の水無月神社である。この二つの並存は、この地域の近世～明治・大正・昭和の神社の変遷と存在意義を考える上で興味深いといえよう。

また中井姓以外の彫刻師については、青原寺本堂の向拝にある波の彫刻銘に「彫刻師　山陰線　柴山港住人　高橋重左ヱ門　橘正□」、および大林寺の向拝にある龍の彫刻銘「彫刻師　山陰線　柴山港住人　高橋重左ヱ門」とあるように、山陰線の柴山港に在住する高橋重左ヱ門という彫刻師を確認することができた。高橋氏については詳しいことはわからないが、比較的装飾の少ない本地域の寺院本堂にも、神社同様こういった彫刻を一つの見せ場とする気風を表現する近代の彫刻大工の存在の一例として興味深い。なお柴山港は、現在の兵庫県美方郡香美町にある日本海に面する港である。日本海沿岸といえば近世期の北前船による流通・輸送ルートなど、海路による文化交流が行われていた。こうした日本海からみた陸の文化といった視点で当該地域の寺社建築を見ていくことも必要である。

二　棟札から

さて今回の寺社建築物調査によって、大量の棟札が確認された。棟札とは、一般には建築物の修理や建て替えの際、建物の永続を願う文言や普請内容、普請に関係した人々の名前などを記した板で、通常建物の棟部分に釘などで打ちつけられる。今回調査した神社では、数世代にわたり守り続けられてきた神社本殿と共に、本殿内部に棟札が大切に保存されている場合が多かった。棟札からは建物の建築年代や、普請に関わった大工などを知ることができるため、建築物がどのような地域的なひろがりのなかで建設されたのか、つまり建築を取り巻く社会的背景といった事柄についても知りうる貴重な記録であるといえる。今回、寺社建築の調査による重要な成果の一つは、棟札を大量に発見したことにあろう。もちろん今回の寺社調査では一般に市町村史編纂の際に行われる、建物の外観のみの判断から近代以降を調査対象からはずすことを行わなかったため、結果として大量の棟札が発見できたのである。発見された棟札は、約一八〇〇枚と膨大な数にのぼる。また隣接する宮津市などでも多くの棟札が確認されている。こうした記録を用いれば、当時の建築物建設のための大工たちの動きやネットワークなどがうかがい知ることができるだろう。

こうした棟札を用いた考察の可能性としてここでは確認された棟札について、いくつか気づいた点を述べてみたい（確認された棟札の翻刻は、各町報告書の最後にある付編を参考されたい。これらをみると棟札には実にさまざまな職種の人々が記載されていることがわかる。また記載される職種は近世期よりも近代以降の方が多くなる傾向がみられるようである）。

さて網野町を例に棟札をみると、近世期（江戸時代）の棟札のうち、大工棟梁の所在の記録は、「切畑」、「郷」、「草木」、「塩江」、「木津上野」、「網野」、「成願寺」、「峰山町」、「宮津萬町」、「但州出石城下」、「竹野郡岩木」、「掛津」などが確認できる。同様に近代以降の棟札で大工棟梁が明らかなものからその所在をみると、「切畑」、「郷」、「木津」、「兵庫縣城崎郡竹野村」、「京都」などが確認できる。近世・近代以降ともに地元地域の大工棟梁が普請に関わっているが、但馬の出石、城崎郡竹野、さらには京都、淡路島など、遠方の大工が棟梁となっていることもわかる。

次に大工棟梁も含めて、棟札に記載されている人々の所在についてみてみると、いくつかの傾向がみられた。まず天保七年（一八三六）の志布比神社社殿再建、慶応元年（一八六五）の八坂神社社殿・および牛頭天王社社殿再建、明治二十三年（一八九〇）の稲葉神社社殿再建、以上の棟梁に、塩江村の船戸為七なる大工が関わっている。この船戸為七なる人物は不明であるが、近世から近代にかけて活躍した大工として興味深い。宮津城下葛屋町には、多数の寺社の造営に当たった「冨田」姓の大工がいたことが知られており、幕末には葛屋町の九三世帯の家職中、大工が一八名を数え、他に左官や木挽がいたという(2)。

ほかにも網野神社の享徳元年（一四五二）網野神社遷座・社殿建立棟札に宮津の大工棟梁の名がみえ、その後、近世期を通して宮津在住の大工あるいは屋根師が、網野町などの社殿普請に関わっていたことがわかる（近代以降では確認できなかった）。また網野町の寺社建築物に関わった人々をみたとき、棟札以外、例えば向拝中央にある龍の彫刻の銘（六神社など）をみると、彫刻師として丹波柏原の中井氏の名前がみられる。

一方、大宮町の寺社建築物調査でも、多数の棟札が確認されており、実にさまざまな職種の人々が記載されている。近世期の棟札のうち、大工棟梁が明らかなものからその所在をみると、寺院では岩屋寺の本堂建立棟札（寛政三年（一七九一））、および不動尊楼閣再建棟札（文化五年（一八〇八））に、宮津の大工棟梁、冨田十郎兵衛道賢などの名が、文化三年（一八〇六）の善王寺の棟札には、丹波国氷上郡竹田村の大工棟梁源治郎が、文政九年（一八二六）の経典時山門の再建棟札には、宮津大工であると考えられる冨田清兵衛といった他地域から大工棟梁が作事に入っていたことがわかる。大工棟梁以外の職種として、同じく岩屋寺の本堂建立棟札（寛政三年（一七九一））に、周枳村の木挽、治郎兵衛や奥大野村の木挽、忠五郎、不動尊楼閣再建棟札（文化五年（一八〇八））に奥大野村の木挽、大道忠八郎などの名がみられる。一方近代以降の作事関係のうち、大工棟梁としては、明治四十一年（一九〇八）岩屋寺の本堂再建棟札に与謝郡上山田村の大工棟梁、小長谷萬蔵の名が、明治二十六年（一八九三）願成寺の山門建立棟札には「當院門健立大工作者京都府丹後與謝郡養老村字當院岩ヶ亀邑谷本清右ヱ門様右作者従十日手間奇附ス」と同じく与謝郡の大工が関係していたことがわかる。昭和四年（一九二九）の経典時本堂再建棟札では請負棟梁として中郡丹波村字矢田の田中晴造が作事をおこなっていた。これらのほかに明治四十一年（一九〇八）の岩屋寺の不動明王宮殿再建棟札には、宮殿の作者が「京都市堀川通万壽寺上ル　和田源兵衛」とあるように、京都市中の作者が関わっていたことがわかる。

次に近世期の神社棟札のうち、大工が明らかなものからその所在をみると、元禄十一年（一六九八）大屋神社本殿建立棟札に「宮津棟梁大工　藤原氏冨田又左衛門盛久」、同じく文化八年（一八一一）の大屋神社本殿建立棟札には「大工棟梁宮津葛屋町住　藤原末葉冨田大和正・苗清」、また文政十三年（一八三〇）の心木神社本堂営造棟札に宮津の大工棟梁、今井勘助藤原尚隆が、寛政元年（一七八九）の「三社神社本殿・拝殿・鳥居・末社二宮造営棟札」には「棟梁　宮津住　今井孫左衛門尚家、同姓孫右衛門尚次同姓太良尚吉、同姓清七尚定木引重右衛門」と宮津の大工が大宮町地域の作事に入っていたことがわかる。この他、天保三年（一八三二）の三柱神社本殿造立棟札には地元の五十河大工棟梁である上田治兵衛尚政や、安政二年（一八五五）若宮神社（谷内）の「若宮神社覆屋修復・神体再興棟札」にも地元村の大工（當村大工本城和兵衛）が活躍している。

近代以降の大工に目を向けると、明治二十八年（一八九五）の大屋神社建立棟札に「大工棟梁　中郡周枳村　吉岡元治」と周枳村の大工棟梁が、昭和六年（一九三一）の皇大神社社殿新築棟札から、大工棟梁として京都府天田郡上夜久野村字直見の衣川三次が作事に関わっている。また昭和十五年（一九四〇）の大野神社拝殿新築棟札では、工事設計者として京都府社寺課の安間立雄、監督に同じく京都府社寺課の風間利之などの関与がみられる。

さて先ほども触れたが、宮津城下葛屋町には、多数の寺社の造営に当たった「冨田」姓の大工がいたことが知られており、幕末には葛屋町の九三世帯の家職中、大工が一八名を数え、他に左官や木挽がいたという。大宮町域では、岩屋寺（谷内）、経典寺（上常吉）、大屋神社（森本）の棟札に宮津の大工棟梁の名がみえる。この他にも、富田大工ではないが宮津在住の大工が心木神社や三社神社などの作事に関わっていることから、網野町域の寺社建築同様、大宮町の寺社建築にも宮津在住の大工が活躍していたことがわかる。(3)

次に丹後町の棟札をみると、棟札には実にさまざまな職種の人々が記載されていることがわかる。近世期（江戸時代）の棟札のうち、大工棟梁が明らかなものからその所在をみると、「間人」（志布比神社建立棟札（文化九年））などが確認できる。また「冨田」姓の大工をみると八幡神社（井谷、享保四年）や上山寺観音堂（上山、元禄十一年）の棟札に、それぞれ宮津の大工棟梁、冨田弥右衛門、冨田河内盛庸の名がみえる。

さて先述のとおり、網野町では棟札や銘から丹波柏原の彫刻師中井氏による仕事をいくつか確認したが、今回調査を行った丹後町でも柏原氏の名前を確認できた。中井の行った仕事として依遅神社（遠下）

を確認することができた。本調査での貴重な成果である。

ところで、網野町の調査によって確認された棟札には、「熊野郡田村字関　中村淳治」の名前が見られたが、中村淳治氏は丹後地域で多くの寺社建築物を手がけた大工である。この中村淳治氏について、如意寺（京丹後市久美浜町）の友松祐也氏によると、(4)中村淳治が後藤柴三郎から教授をうけていたことなどがしられるなど、当時の丹後地域の京都府技手と大工との関係を考える上で興味深い。また友松氏によると、後藤が携わった金閣寺再建にも中村氏が、わずかではあるが関わっていたという。中村氏は網野町において、正徳院本堂・同表門、本覚寺山門、青原寺本堂、松泉寺本堂、大林寺本堂、蓮華寺鐘楼、大宇賀神社拝殿、日吉神社本殿上屋・鳥居・拝殿などの普請に関係していたことがしられる。

友松氏によると、中村氏は明治三十三年（一九〇〇）五月十日、現在の京都府京丹後市久美浜町関に生まれ、昭和六十二年（一九八七）十一月十七日に八十八歳で他界するまで、京都府、兵庫県、大阪府、奈良県などで約七〇ヵ所の寺社建築物の再建・修復などに関わったという。また昭和四十四年（一九六九）には「卓越した技能者」として労働大臣から表彰を受けている。大正三年（一九一四）尋常小学校を卒業後、大正十四年（一九二五）まで丹波峰山の山崎平三郎について大工修行し、その後京都の専門家について寺社建築の設計について学び、大正十五年（一九二六）二十六歳のとき、はじめて棟梁として如意寺本堂の再建工事を行った。またこの如意寺本堂再建に際して京都府の技師後藤柴三郎に教授をうけたという。中村氏はこうした寺社建築の新築以外にも、昭和五年（一九三〇）の京都の蓮華王院本堂（三十三間堂）解体修理（国宝）、大覚寺寝殿修理（重文）、教王護国寺南大門修理（重文）、宮津市の智恩寺多宝塔解体修理

（重文）など文化財の修理にも多く関わっている。丹後町の調査では、六神社（上野）の若宮神社屋根葺替・諸修繕棟札（大正三年）に中村淳治氏の名が見られた。当該地域の近代における寺社建築を考える上で、中村氏の手がけた建築を確認できたことは、当該地域における近代建築と大工との関係を考える上で重要な成果であるといえよう。

また峰山町における寺社調査によっても、棟札に「中村淳治」の名前が見られた。峰山町では金刀比羅神社の神門、および八柱神社（鱒留）の上屋再建棟札（昭和三十九年（一九六四））などが確認された。このように京丹後市域における中村氏の仕事は、近代建築と大工との関係を考える上で重要であるといえると共に、日本における「近代」と「前近代」を考える上でも興味深い存在である。こういった技術者が、近代以降の建築における「文化財」を支えてきたということができ、今後こうした、より現場レベルでの技術者の動向を調べることで「近代」建築史の新たな側面の解明が期待できよう。

三　文化財と寺社修理

近代以降（明治以降）の普請には、昭和四年（一九二九）の大宇賀神社（写真4）拝殿再建棟札に、京都府技手の後藤柴三郎、大正十一年（一九二二）の網野神社神殿・拝殿・渡廊建立棟札には、奈良県技師の岸熊吉、昭和十八年（一九四三）の網野神社手水舎建立棟札には、京都府技手の風間利之などといった、京都府や奈良県の技師が参加している。このうち後藤柴三郎は、京都府教育委員会文化財保護課に所属し、

写真４　大宇賀神社拝殿（網野町）

昭和二十九年（一九五四）〜昭和三十四年（一九五九）の醍醐寺五重塔の修理や、金閣寺再建に関わっていた。

ところで今回の調査によって確認された棟札のうち、昭和四年（一九二八）大宇賀神社拝殿の棟札には、「京都府技手　後藤柴三郎」の他に、先に触れた「熊野郡田村字関　中村淳治」の名前が見られる。また大正十一年（一九二二）網野神社の拝殿・渡廊などの再建棟札に「奈良縣技師」とある岸熊吉は、清水重敦によると大正六年（一九一七）から大正十年（一九二一）まで、奈良県の古社寺修理を担当した正職員の技手であることがわかる。(5)

さて日本において、歴史的な建築物の修理・保存に行政が関わっていくのは、明治三十年（一八九七）に古社寺保存法の公布からである。このころの修理工事にかかわる技術者体制について清水重敦氏は、「（前略）国庫補助修理事業は、地方長官の指揮監督下に置かれることが古社寺保存法第三条に明記されており、府県庁委託事業として行われる。それゆえ明治三十年（一八九七）の古社寺保存法公布以降は、各府県において修理工事のためのシステムが整えられ、監督技師が各府県の修理工事を統括し、各現場に常駐する技術者として主任技手―技手―大工を置く体制が敷かれる（以下略）」とある。これによると岸は、現場に常駐する技術者として大工などを統括する立場にあったといえよう。ではなぜ、奈良県の技手が網野神社に関わっていたのだろうか。これについて明確なことは不明だが、古社寺保存法が公布されて二十年という当時の体制などから、京都府以外の技手が応援にかけつけたと考えることもできよう。いずれにせよ近代以降の文化財は、①古いものを大切するという考えの実践、②近代国家（国）の由緒を語るための手がかりとしての文化財、この二つの役割を担っていたわけであり、こうした二つの課題のただ中にありつつ、現場で修理工事を担っていた技師や大工の動向は、近代の文化財史や近代における「日本建築史学」、「復原考察」などを考える上で、ひいては「近代」という時代を考える上で興味深いものであるといえるだろう。先ほども述べたが、今回の調査では昭和期の建築物の修復・建立に関与する大工として、中村淳治氏の名前に度々遭遇した。中村氏と京都府の技師後藤柴三郎とも関係についても、今回の調査で昭和四年（一九二九）大宇賀神社拝殿再建の棟札に後藤柴三郎と中村淳治がともに記載されていることから、両者のこうした関係は、昭和という時代と文化財行政を、それらを支える大工や技師の眼から考えていく上で興味深い存在である。こういった技術者が、近代以降の建築における「文化財」を支えてきたといえ、今後こうした、より現場レベルでの技術者の動向を調べることで「近代」建築の新たな一側面を明らかにできよう。

おわりに

以上京都府京丹後市の寺社悉皆調査を通して、人々、特に大工の動きについて考察を試みた。膨大な棟札から大工のネットワークを調べることは急務であろう。おそらく自村の大工が普請をしている事例は少なく、そこに大工の動きをみることができると考えている。それから古社寺保存法以降の大工の動きである。筆者も学生時代お世話になった、修理のスペシャリストとしての大工として活躍する人々が、当初は中村淳治のように他の多くの寺社の設計・施工する大工であったことになり、いつ頃から細分化したのか今後の課題である。

〔注〕

（1）日向進「丹波柏原の彫刻師中井氏とその営業形態―近世丹波・丹後における建築界の動向―」『日本建築学会計画系論文報告集』三九六、一九八九年。

（2）宮津市史編さん委員会編『宮津市史』史料編第五巻、一九九四年。

（3）前掲注（2）。

（4）友松祐也『寺社建築と中村淳治棟梁の思い出』宝珠山如意寺、二〇〇二年。

（5）清水重敦「明治後期の古社寺修理にかかわる技術者の出自について」『日本建築学会計画系論文集』五八、二〇〇二年。

第五章　『紀州田辺町大帳』にみる建築制限と作事願

はじめに

本章では、『紀州田辺町大帳』を対象に建築制限と作事について考察する。『田辺町大帳』は解題によると

（前略）

天正十三（一五八五）年、豊臣秀吉の紀州攻めは田辺にも及び、宗教世界の模様は払拭され、近世社会へと転換する。戦後、豊臣秀長の領国となる、来征した杉若越後守が配置され、同十八年芳養城から田辺川口沿いの上ノ山に築城して移った。関ヶ原役の後、慶長五（一六〇一）年に浅野幸長が入国し、浅野左衛門佐氏重が配され、同八年に上ノ山山麓の海岸洲崎に築城するも大浪に崩壊し、同十一年川向いの湊村の浜丘に水城を築き湊の城に移ると共に、上ノ山裾の町家を移し、城下町を建設した。ついで元和五（一六一九）年、浅野が芸備に移封され、紀州徳川家が創立された。

遠州掛川の城主安藤正次《ママ》が、紀州徳川家付家老筆頭として田辺に封され支藩的処遇をうけ、三万八千八百石を領した。安藤は和歌山に常駐し、田辺領は一族の安藤小兵衛直隆家が代々留守居役をつとめた。従って家臣も田辺勤めは半数に満たなかった。領地支配は百余村を一〇組に組織し、紀州本藩領政に準ずる体制をもって臨んだ。また町も漸次整備された。紀州藩同様に変動なく明治初年にいたり、明治維新を迎え、勅諚により紀州藩より独立し、明治四年廃藩置県によって田辺県となり、やがて和歌山県に統合され、田辺藩の終末をみる。

町政は町奉行と町組率数名とが担当し、支配した。

城下町田辺は館（一国一城のため城と公称しない）を中心に郭内に重臣層、外濠近くに徳川家の与力三六家、その外部に足軽、仲間の軽輩を配した屋敷。低地に町人の町家を東西に熊野街道沿いに形成し、後に新町（北・南）が拡大し短冊形の町割をとる。川向いの西側に江川浦を扣え、川辺に問屋が並び、御口前所を設置し、西端に升形を築き番所を設けた。

寛永十九（一六四二）年に大年寄制が、万治元（一六五八）年に丁々年寄制が始まる。大年寄は数人いて享保十（一七二五）年から月番交替制となる。町役の人々が執務し、協議するところが町会所で、町大庄屋田所氏在住の本町の横丁にあった。また物書（寛政五年帳書と改称）も詰めた。この町会所の記録が「田辺町大帳」で、年代は天正十三年〜慶応二年の二八四年にわたっていて一三〇冊を数える。町役の制ができて町会所の記録の必要を思い、天正年間まで遡って記したものであろう。

（後略）

とある。
ここでは『田辺町大帳』に記載されている建築関係法令と施主の願い出を抽出し、どのような特徴があったのかについて考察する。続いて『田辺町大帳』に多く確認できる看板の申請についても考察する。なお史料の性格上、申請が許可されたのか、されなかったのかを知り得ないものが含まれていることを予め断っておく。なお史料に記載されている番号は前から登場順、巻数、頁、冊数である（西暦は章末の表を参照されたい）。また本章では、奢侈に関するもの、町並みに関するものに関する制限と願い出が多かったので、これらを中心に議論を進める（寛政二年から建築規制に関する事例がみられる）。

一　『紀州田辺町大帳』の建築制限と願い出

1　奢侈の禁止

『田辺町大帳』のなかで目立つのが奢侈の禁止である。

1―7―41―2　寛政二年
一同十八日　香厳院様御忌日廿日之御日取ニ相成候事、近年御旗本御家人とも一統勝手向及困窮候趣相聞候、右者数十年来いつとなく豪奢之風ニ馴衣食住者勿論万事結構を尽し無益之雑費有之候故、勝手向不如意ニ至おのつから実意も日々薄く平常之嗜も無之様成行候族も有之哉ニ候、畢竟其身之分限をも不顧故之儀ニ候当時文武之芸等可致修行ニも勝手向不如意故、自然と行届兼ならびに子孫之教育ニも不束ニ有之其子孫ニ至候而も不宜事のミ及見聞行々心得違を生し終ニハ節義ニかけ候儀抔を、致其家名を汚候類粗有之儀ニ候、去午年半毛以上損亡之分ハ莫大之拝借等被仰付ならびに此度御蔵米取之分借金済方利下等之儀被仰付候儀ニ候、上ハ別而心を用質素倹約を正し、常々格式分限を弁へ且臨時要用等常相応心懸置候程ニ取計可申事ニ候、近年至候而ハ一統相慎候由ニ候へとも久々風儀馴候而衣食住等之外見をかさり候儀ハ猶も有之哉之処、不約束不義理及候事、都而恥候心も薄く不法之借方等致し不仁之用金等知行所へ申付候類も間々有之哉ニ候、たとへハ此度年限より借金ならびに損等ハ御蔵米取一統候へとも又借候仕宜ニも寄義理を以借候へハ義理を以報候事、其外困窮ニ乗し候而借受且ハ先方困窮ニ及候を見捨候も是又不義理ニ可当儀是等ハ人々実意ニ有之事ニ候恥へきをも不恥義理をも不願一己之利得をのミ心得候ハ有之間敷事ニ而候、近年御仕置相成候者も様々心得違如何筋も有之遂ニハ其家をもたやし其身をも失ひ候儀、誠ニ残念之次第ニ候此度格別ニ被仰出候上ハ、別而身持等相慎文武之道相励節倹之儀心懸朋友親類等へも心附申談子孫をも教訓いたし永く家名を保忠孝ニかなひ候様ニ風儀を改可申事ニ候、此上心得違等有之候ハヽ、別而厳重之御沙汰ニ可相及候条其趣可存事

（中略）

正月十六日　丹羽伝四郎

小出新兵衛殿

工藤六郎左衛門殿

既に寛政二年には、奢侈を禁じる触が出されていた。
次に触れ出されるのは、天保の改革に関連したものである。

21—16—95—188　天保十二年

一四日左之通御通し

町々儀倹約を相守衣服飲食住居向等万端奢ヶ間敷儀無之稼方精出し候様前々より毎々相触候処、いつとなく相弛ミ奢侈之風俗押移り、近頃ハ別而衣服住居向等之専花美を好身分不相応之衣服を着用致女之髪飾等ニも花美之品相用祝儀事其外ニも飲食を専ニいたし無益之慰事等ニ金銀を費し奢ニ長し稼方疎成者も有之趣相聞候、此度従公儀質素節倹相守衣服飲食奢ヶ間敷儀無之無益之費を背キ候様被仰出此御方ニも御家中初被仰出候品も有之候ニ付而ハ、町之儀も厚相心得万端致倹約衣服之儀ハ大年寄等ニ而も専綿服等を相用ひ其外之者共ハ都而綿服のミ相用家内之儀も、夫々分限ニ応し勿論麁服を致させ居宅之儀も奢ヶ間敷普請等ハ決而不致飲食之儀も養子引越嫁取等を初派立候祝儀事等之節ニ而も銘々分限ニ応し成丈ヶ手軽ニ致其外都而奢ヶ間敷儀且無益之費を省キ家業等専一ニ出精可致旨小前末々迄不洩様可申通候、右ニ付町役人共等猶更其身を慎御趣意ニ不致齟齬様相心得常々厚教諭いたし奢侈之風俗相改させ、其上ニも心得違之者有之候ハ、急度可申付旨、是又夫々江可申通事

衣服之儀本文之通ニ候得共近頃花美ニ相成候ハ一体之儀ニ付俄ニ麁服申付候而ハ此節新調をも不
致候而ハ不相成者も有之左候而ハ却而費之至ニ付右等之ものハ、追而相通候迄先当分持合之衣服
着用いたし候而も不苦候、此後新調いたし候節ハ夫々本文之御趣意堅相守可申、若心得違持合ニ
車寄花美成品内々新調いたし候儀等相聞候ハ、相糺可申事

十一月

右ニ付町江川年寄中町会所へ呼寄申渡

と、他地域でも触れ出された天保の改革関連の史料が見受けられる。
この他にも天保十三年には無駄使いをいて、やりくりに苦しんでいる寺院が認められる。

22—16—96—236　天保十三年

七月廿日

近年諸寺院猥ニ其寺之本尊什物仏具ならびに建具等書入又ハ、売渡し証文を以金銀借用いたし候寺院
数多有之不埒之事ニ候、向後右之品質ニ入或ハ売渡し証文を以金銀借用いたし候当人ハ勿論証人迄も
吟味之上急度可申付候、尤金主之儀も右之品質物ニ取売渡証文ニ而金子借候段不埒ニ付金子済方之儀
訴出候共向後者済方申付間敷候
右之通元文三午年於江戸表寺社奉行より諸寺院ならびに町方へ相触候ニ付本寺役寺触頭等より配下之
寺院へ致通達候儀ニ付於当表別書之次第相触候儀無之共持職之身分ニ而ハ兼而相弁可罷在処、無其儀

心得違之者有之近年猥ニ相成候趣相聞不埒之事ニ候全年久敷相成候ニ付触渡之趣致忘却候、或ハ不相弁者も有之哉以之外之事ニ候間右元文度触渡之趣忘却不致様急度可相守、仮令右貸付返済相滞金主より及出訴候共済方之不及沙汰候向後右之品質ニ入候歟或ハ書入致金銀借用致又ハ売渡し候者於有之ハ当人ハ勿論判組口頭人金主迄も吟味之上急度可及沙汰候間心得違無之様可致候

都而寺院家普請之儀聊之事ニ而も奉行所へ願出承届候上作事可致儀ニ候処、心得違之者も有之哉不願出普請いたし又ハ願出之分も願通と相違之作事を致候様成儀も有之趣相聞不埒之至ニ候右体之儀於有之ハ、急度沙汰可致候間心得違無之様可致候

右之通安永九子年触渡置候処いつとなく相弛ミ、追々増長いたし猥ニ押移り不願出、我侭ニ修覆再建新建等いたし又者願出聞届之分も普請之仕方願通と相違致候、作事向も有之由相聞へ不埒之事ニ候先年相触候より年久敷相成候ニ付触渡之趣、全致忘却候歟或ハ不相弁者も有之候故之儀と相聞へ候間、前書触渡之趣能致弁別無違失相守聊之普請たり共願出候上作事可致且願出聞届候分も願通りと相違之作事ニ致間敷儀ハ勿論、願済出来立候ハ、断出候様申渡置候処、兎角等閑ニ押移り出来立断候儀適々ニ而如何之事ニ候間出来立候ヽ、無等閑可断出品ニ寄見分之者差遣し候儀も可有之候条、尤心得違不願出修覆再建新建等致候分ハ、普請之仕方委敷相認墨引絵図相添早々断出可申近年所々火災ニ付類焼ニおよひ候寺社も有之追々再建可断出候条、右ニ付寺社普請之仕方一体心得違之儀左ニ申聞置候惣而是迄仕来之寺社建物大造ニ而其上修覆を加へ候砌ハ、兎角他之寺社より見聞宜様致度念慮より手重之造作を好ミ候儀と相聞尤願書之如く御法度之作事ハ致間敷候得共、彫物組物ニ似寄候儀相交り候向も

有之由左候へハ自分高価之材木勿論鉄物類職人工手間迄も、格別手籠り雑費多分相掛り不益之事而已ニ心を尽し候様相成候、名聞競争之俗情ニ拘り候儀ハ却て神仏之心ニハ相叶間敷筋ニ而可有之候、此段ハ僧侶神職之輩兼々相弁可有罷儀ニ候へハ、修理等之儀ハ多分難及自力檀家氏子講中等之任助力無拠、世話之意ニ随ひ居候儀も可有之哉乍併無益之費を不弁名聞之作事荘厳ニ相泥ミ候儀ハ有之間敷事ニ候、勿論寺格社格ニ而従来大造之神事法会等仕来候類ハ堂社等も其時宜ニ応し可申儀且是迄有来候分ハ其通之事ニ候得共、此後追々修理再建之企いたし候寺社之分仮令旦家氏子講中等ニ世話為致候共前段之意味与得申談再建已前より成丈ヶ手軽ニいたし候へハ諸入用も減し修理も早速調度可致筋ニ候間、右等之儀能致弁別可申候尤、是迄願出聞届候寺社普請之内自然旦家氏子講中等之勧メ泥他之寺社ニ劣間敷との心得違競争ニ抱《(ママ)》願通相違ニ而、彫物組物ニ似寄候儀相交り候欤或ハ間数等定法ニ外レ候作事企居候向も有之者、兼而願済之通相改御法度之作事紛敷儀無之様、可致右体教諭之次第触渡之後自然相背猥之儀於相聞ハ当人ハ勿論、連印之者共迄も吟味之上急度可及沙汰候間心得違無之様可致候

七月

右之通格中ならびに八丁へ廻状ニ而申通

と寺院の奢侈を戒めている。

さらに天保十三年には、外から来る旅稼ぎによって風紀がみだれることに注意を払っている。

23—16—96—258　天保十三年

一北新町年寄伝兵衛今朝山内へ出立仕候段、届出申候ニ付代役古金屋新右衛門へ申付候段御達申上ル

小頭へハ善助を以申遣ス

一同日左之通

国々城下社地ニおいて江戸京大坂より旅稼ニ出候歌舞妓（ママ）役者共を、抱芝居狂言等相催候由右ハ其所之風俗を乱し不可筋ニ付、向後決而抱入申間敷候、尤三都狂言座之外他国稼不相成旨今般取締方急度申渡候間得、其意此上右之者共罷越芝居興行等之及対談候ハ、、其所ニ留置最寄奉行所又ハ、御代官領主役場等へ早々可申出候若触面之趣相背ニおゐてハ右に携り候もの共悉遂穿鑿遠国ニ候共壱人別ニ江戸表へ呼出し吟味之上村役人共、初一同厳重之咎可申付候

右之通御料ハ御代官私領ハ領主地頭より不洩様可触知者也

七月

右之趣可被相触候

右之通相触候間可存其趣候

近年衣食住を初諸事奢侈起過致候間質素節倹等之儀格別厚御趣意をも被仰出候、右ニ付新規家作ならびに屋敷構等破損所修復迄も斟酌いたし扣置候向も有之哉ニ相聞候畢竟、身分不相応華美或ハ手広取補理候儀ハ無用之事ニ候得共、修復ハ勿論新規之家作ニ候とも銘々身分相応取補理候儀ハ不苦候間、少も無遠慮普請ならびに修復等勝手次第可仕旨各為嚀候段向々江寄々可被咄置候事

四月

右御通しニ付格中ならびに八丁へも申通

と、これも身分相応がもとめられている。華美はいけないが、修復・新規の家作はよいとしているところは興味深い。

2 町並みの規制

『田辺町大帳』によると、町並みに対する積極的な態度が見られる。

2—7—41—7 寛政二年

口上

当町岡屋弥市三栖東角建家之裏へ蔵建申度由ニ罷在候、右屋敷ハ廿間之裏行北新町北側之裏行ニ御させ候へハ蔵建候而も不苦奉候へとも、一通リ奉窺候外町ニも同様之儀御座候下地之見苦敷小家よりハ町並も宜相成儀ニ御座候何とそ御聞届被成下候様奉願上候以上

北新町年寄
孫太夫

戌二月

つまり「下地之見苦敷小家よりハ町並も宜相成儀ニ御座候」と、みすぼらしい蔵より立派な蔵の方が町並

みには良いとしている珍しい事例といえよう。

3—7—47—222　寛政八年

一諸士拝領屋敷之儀、近年一統難渋之事ニ付修覆等も難致、段々見苦敷相成候儀無拠品ニハ候とも
代々持伝候屋敷ニ候得ハ、随分修覆致持届候様可取計

ここではむしろ修覆を奨励している。

ところで寺院の塀に落書をして景観を悪くすることに苦言を呈している。

6—8—57—369　文化三年

一□日近年寺院内外塀其外壁等へ猥ニ楽《（落）》書致如何之儀ニ有之候、別而海蔵寺之儀ハ毎度御名代御廟参
も有之猶又聖護院様御通之節御宿坊ニも被仰付候事ニ候へハ、右体楽《（落）》書等堅不致様子子供其外之
ものへも不洩様可申付、此後心得違楽《（落）》書致候者も有之候、相調させ過料可申付候

大年寄中

田所八郎左衛門

八月

町々年寄中

さらに街路が狭かったのか、綱に繋ぐ牛馬についても町並みと絡めて苦言を呈している。

5―8―53―110　享和二年

奉願口上

此度新庄見世ならびに在見世之儀御願申上候処、早速御聞届被為成下難有奉存候、右在店御願申上候も近年ハ町表別而不商ニ御座候故乍恐御願申上候御事ニ御座候然処、下三栖村へ造酒屋相始り候風間も御座候若左様ニ相成候而ハ町表大ニ指支可申と甚以難渋至極奉存候、右三栖辺は奥筋広く引受諸産物多出人馬等過半出候土地ニ而候へハ、酒屋始り候而ハ自然と御城下出町之者も無拠淋しく可相成候へハ町商人ハ、不及申上末々ニ至迄難渋仕候、右造酒之儀ハ別而人寄宜商からニ御座候へハ、町表大ニ衰微仕可申と甚以歎敷奉存候殊ニ三栖辺ハ、往古より酒屋有之候ハ及承も無御座土地ニ而候得ハ、何卒御慈悲を以差支相成不申様幾重ニも奉願上候以上

町　商人共

八町　年　寄

戌四月

右之通

町御奉行所様

24―17―100―119　弘化三年

一二日

町在之者共町内ニ而馬繋キ候儀近頃ハ猥ニ相成牽綱長く繋キ候ニ付而ハ、往来之妨ニも相成甚以不埒之事ニ付右等之儀急度不相成候、若又心得違長く繋キ候者於有之ハ厳敷咎可申付候猶又町内之者共、自分宅ニ而取引之内軒下或ハ横手等へ馬繋候節ハ気を付往来之妨ニ不相成、様取斗可申候此段相心得不洩様相通可申事

閏五月

南新町年寄
宇兵衛
紺屋町年寄
伊左衛門

また町並みにて干物をすることについても注文を出している。

9―9―62―286　文化八年

（前略）

一同日浄行寺前近辺塵芥捨有之早速為取片付候様との儀ニ付申通

（中略）

町内ニ而麦作こなしならびに干物等不相成段、毎々相通し申去午五月二日も分ヶ而相通候処、当年も猥ニ有之趣相聞候ニ付相調させ候処背之者夫々名前書附差出候ニ付、一等咎可申付筈ニ有之候へとも、此度ハ令用捨候自今心得違無之様可申聞候其方共儀、丁内ニ而右等気付可申処其儀無之等閑之至ニ付急度可申付筈ニ候得共、此度ハ令用捨呵り申付候

五月十四日

袋町年寄
権左衛門

其方居宅表ニ而当四月麦作こなし唐竿打干物等いたし候段、右ハ不相成段毎々相通候処、受用不致甚不埒之至ニ付急度可申付筈ニ候へとも、此度ハ令用捨呵り申付候自今相咾可申候

北新町
宇兵衛

北新町年寄
伝兵衛

町並往還筋ニ而麦作こなしならびニ干物等不相成段毎々相通、去午五月ニも分ヶ而相通し候処当年も猥ニ有之趣相聞候ニ付為相調候処背之ものとも夫々名前書附差出候、右ハ甚不埒之至ニ付、其丁宇兵衛呵申付其余之者共ハ、此度ハ令用捨候自今心得違無之様可申聞候、其方儀丁内ニ而右等気付可申之処、其儀無之等閑之至ニ付急度可申付筈ニ候得とも此度ハ令用捨呵り申付候

五月十四日

其方居宅表ニ而当四月麦作こなし、唐竿打干物等致候段右ハ不相成段毎々相通し候処、受用不致甚不埒之至ニ付、急度可申付筈ニ候へとも、此度ハ令用捨呵り申付候自今相咤可申候

片町網屋
弥兵衛

片町年寄
利太夫

町並往還筋ニ而麦作こなし干物等不相成、毎々相通去午五月ニも分而相通し候処、当年も猥ニ有之趣相聞候ニ付相調させ候処網屋弥兵衛麦こなし、ならびに唐竿打仕候段書付差出候、右ハ甚タ不埒之品ニ付呵申付候、其方儀丁内ニ而右等気付可申処無其儀等閑之至ニ付、急度可申付筈ニ候へ共此度ハ令用捨呵り申付候

五月十四日

右ニ付我々立合町会所ニ而申渡ス

8—9—61—214　文化七年

（前略）

一町往還筋牛馬繋候儀堅不相成事

但横丁又ハ存分たり共、御城下内町並之処ハ引縄短く繋き猥ニ無之様可致候

（中略）

一町分ハ勿論たとえ存分たりとも御城下内町並之処ニ而、違(麦カ)こなし為間敷事

一町筋往還へ煉土致申間敷事

但在分たり共町並之処ハ同様ニ相心得可申事

一町筋往還へ干物猥ニ致間敷事

但在分たり共町並之処ハ同様之事

五月

右之通被仰聞候ニ付町江川へ廻文ニ而申通

ところで屋根から出っ張る庇については以下のような解釈をしている。

10—11—67—65　文化十三年

一同日本町より左之通名前之者共、表へ庇屋根仕度夜分ハ取込可申間何卒宜御申上被下様申出候長兵衛御達申上候

干か屋 平八

同 半七

泉屋 久兵衛

紺屋
伊兵衛
平　吉

右半切書ニ而差出候処後刻左之通
今朝達出候日さし之儀御名代等通り筋ハ余計ニ出張候儀ニ候ハヽ、其節々取片付候様心得申通置候様
令存候、右之通本町へ申通猶又昼後先日差出有之石田琳差斉娘養子三番小皆延寿院弟欣次養子願相済
候段、御通しニ是又本町へ申通候

また橋については強い姿勢でのぞんでいる。

11—11—68—145　文化十四年
一廿八日左之通
大橋小橋欄干へ腰掛候儀ハ勿論佇候儀も不相成段毎々相触有之候処、近頃心得違之者も有之趣相聞
不埒之事ニ候、向後急度取計振も有之候間末々迄不洩様入念相通し可被申候依之申通候以上
（中略）
六月廿九日
大年寄中
田所八郎左衛門

町々年寄

17―13―78―204　文政九年

一同日岡本六左衛門へ御達し左之通

大橋小橋欄干江腰懸候儀者勿論佇ミも一切不相成段先年より度々相通有之、猶又去酉年訳而厳敷相通一統能承知之事ニ有之候処、今以心得違之向も有之往来を妨不作法之いたし方有之諸人及難儀候趣粗相聞甚以不心得不埒之事ニ候、以来別紙之通廻り役人へ申渡内々繁々為打廻不作法之向有之候ヽ、無用捨厳敷咎可申付候条心得無之様可致候

六月晦日

盗賊方
奉行組
町奉行組
下目付

大橋小橋欄干へ腰懸候儀者勿論佇ミ候儀も不相成段、先年より度々相通有之一統能承知之事ニ候処近頃、心得違之向も有之往来を妨不作法之品之有之哉ニ相聞甚以不心得不埒之至候、以来忍々繁々打廻り右等心得違之向有之候得者名前相糺其段早速可相達候

右御通ニ付割廻状ニ而町八丁へ申通格中へも廻状ニ而申通江川へ者、田所氏より申通候

一晦日江川御口前所御役人入替りニ付御通し有七月八日左ニ委細有

口上

切戸中川原高山寺道西ノ方こなし場ニいたし有之候者共、右場所者御村より借り受候ニ付年々米四斗ツ、無相違相渡可申旨、掛合双方納得之上不相替年々相渡可申段申出候ニ付為後日一札如件

文政九年戌六月

紺屋町年寄
善兵衛
下長町同断
義兵衛
本町同断
平　八

湊村庄屋
源　七殿

右之通相糺候処相違無之候以上

四　人

宛名なし

右者此度湊村より右中川原開地之願書差出候処、町方湊村双方之一札相添差出候様との儀田所氏より申来候ニ付、相認相渡し申候然処右一札ハ本紙ニ付写相添差出し候由承り申候、尤追而湊村より之一札此方へ請取候筈

また普請の際に工事現場を板で囲うことについては寛容であった様である。

14—12—74—196　文政六年

（前略）

一廿二日南新町より届出候ハ生馬屋宇兵衛所持之借家宇兵衛居宅之南隣ニ御座候右借家少々繕普請仕候ニ付、表へ板かこひ仕度旨願出候ニ付、其品御届申上候処後刻御聞届相済

16—13—76—2　文政八年

（前略）

一十三日片町紺屋平八家普請ニ付、表へ板囲仕度段願出候ニ付、御達申上候処後刻御聞届有之段忠兵衛を以申通候

（後略）

例外的だが、川端へ普請に乗じて往還筋へ進出しようとする茶屋があった。しかも申請する建物は瓦葺である。

20—14—87—342　天保四年

奉願口上

私儀紺屋町忠蔵茶店出商仕候橋台古茶屋跡場所之儀去辰六月御願申上候処、御聞済被成下難有仕合ニ

奉存候、右ハ早速茶屋掛仕度奉存候得共同所ハ夏分日影少く別而冬向ハ川風強く相当り候故、已前忠蔵出商内之茶店通りニ而ハ間口奥行等も狭く御座候ニ准庭も狭く御座候故、往来之旅人休息仕居候節商内之都合も悪敷其上春向計之出茶屋ニ御座候へハ、渡世之助ニも相成不申候ニ付間口裏行等をも相広ヶ四間四方位ニ仕度奉存候、尤下地ハ板屋根土台建ニ御座候へ共右体ニ仕候而ハ惣体壊込も早く御座候へハ置瓦ニ仕度敷石ハ薄石ニ仕東西へ壁付申度猶又裏へ壱間四方之雪隠取立是又置瓦ニ仕度奉存候左候へハ、同所ニ而年来商内も相成旅人休所之都合も宜候へハ私渡世之助ヶニもいか計難有仕合ニ奉存候、右ニ付而ハ大橋小橋掃除ハ勿論御普請之節其外同所辺へ御用御出張之御役人様方御休息之御宿をも奉申上度奉存候、且又出水等ニ而水勢之障りニも相成候へハ早速壁等打はづし、水流宜様取計可仕候間、何卒格別之了簡を以願之通御聞済被為成下候様幾重ニも奉願上候已上

巳四月

大居屋
甚　八

本町年寄
五郎兵衛殿

右之通宜御願被仰上可被下候以上

本町年寄
五郎兵衛

四　人当

右之趣願出申候ニ付差上申候以上

四人印

町御奉行所様

二　看板の規制

『田辺町大帳』には幕末期に多くの看板の申請が行われている（図1）。ここでは少しそのあたりについてみてみることにしよう。

看板は申請されたもの、そのほとんどが許可されていることから許認可に近いものであったと思われる。

次にそのかたちであるが、板状のもの、屋根をもっているものなど、さまざまである。天保に入って切妻屋根をもった、やや派手な看板が相次いで申請されていることは興味深い。時代は天保改革期。派手を嫌う時代で御法度であるが、町並みの表情を豊かにするために許可されたかもしれない。いずれにせよ、ケバケバしいものは少なく、近世の町並みに耐えうるものが多い。

いずれにせよ、そのバラエティーに富んだ看板には驚かされる。今の看板はこれみよがしの品のない看板が多数を占めるなか、看板にも整然性、それと粋な「しゃれ」を読み取ることができるのは、筆者だけであろうか。しかも看板は多くの場合、街路に垂直にもうけられるのであるから、歩行者には、いやでも看板に目がいく。そのあたりは別に議論を譲ろう。江戸文化といえば文化文政が有名だが、その文化の流れが天保にもあったのかもしれない。

おわりに

『田辺町大帳』に記載された建築制限は他地域と同様、奢侈をきらい、質素倹約を旨とするものが多くを占めた。ただ奢侈のない新作、修復は、むしろ奨励しているところが他地域と異なるところであった。例えば、92ページの「22―16―96―236 天保十三年」では、天保の改革の最中にも関わらず、新作事を奨励している点は、注目に値しよう。

最後に現時点での筆者の建築規制に対する考えを若干述べて今後の課題としたい。近世には建築に対する規制（以下、建築規制、あるいは建築法令とよぶ）が存在した。それは地域によって特徴のあるものであったが、例を挙げると枚挙に暇がない。代表的なものは近世初期に出された幕府の以下の法令である。

〔寺社〕

覚

一梁行京間三間を限へし、但、桁行は心得次第たるへし
一仏壇つのや京間三間四方を限へし
一四方しころ庇京間壱間四方を限へし

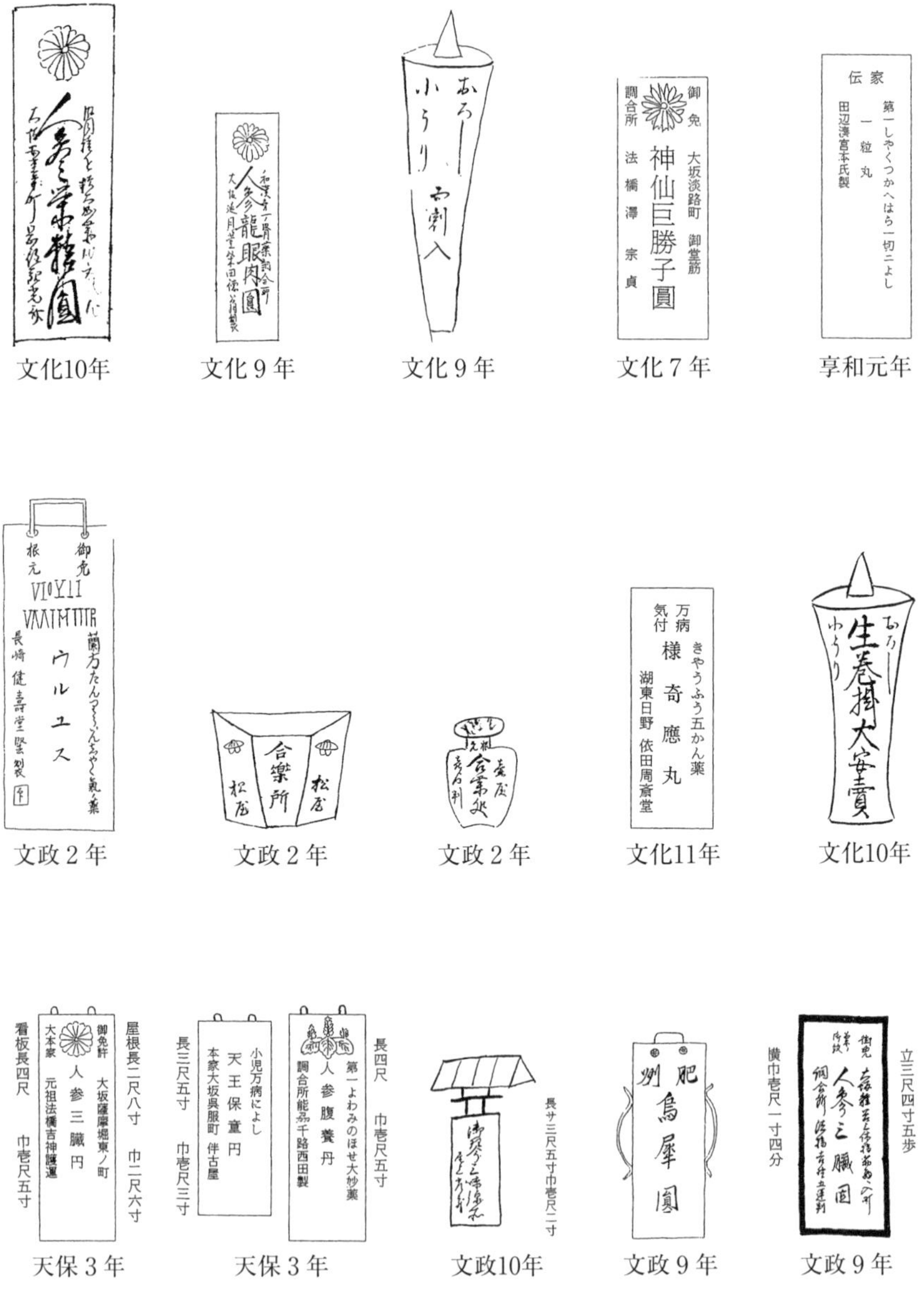
文化10年
文化9年
文化9年
御免 大坂淡路町 御堂筋
神仙巨勝子圓
調合所 法橋 澤 宗貞
文化7年
家伝
第一しやくつかへはら一切二よし
一粒丸
田辺湊宮本氏製
享和元年
御免 根元
ウルユス
長崎 健壽堂
文政2年
文政2年
文政2年
きやうふう五かん薬
万病 気付 様奇應丸
湖東日野 依田周斎堂
文化11年
文化10年
屋根長二尺八寸 巾二尺六寸
御免許 大坂薩摩堀東ノ町
大本家 人参三臓円
元祖法橋吉神護運
看板長四尺 巾壱尺五寸
天保3年
長三尺五寸 巾壱尺三寸
小児万病によし
天王保童円
本家大坂呉服町 伴古屋
長四尺 巾壱尺五寸
第一よわみのほせ大妙薬
人参腹養丹
調合所能㐂千路西田製
天保3年
長サ三尺五寸巾壱尺二寸
文政10年
文政9年
立三尺四寸五歩
横巾壱尺一寸四分
文政9年

図1　看板の申請例

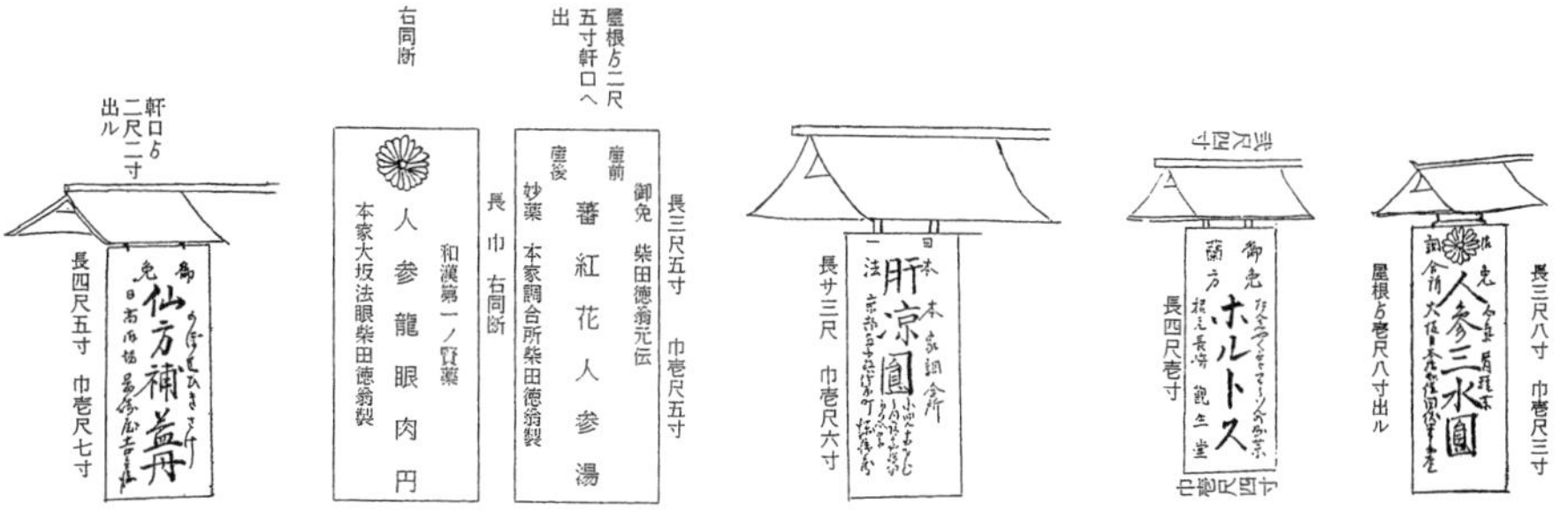

天保12年　天保10年　天保6年　天保5年　天保4年

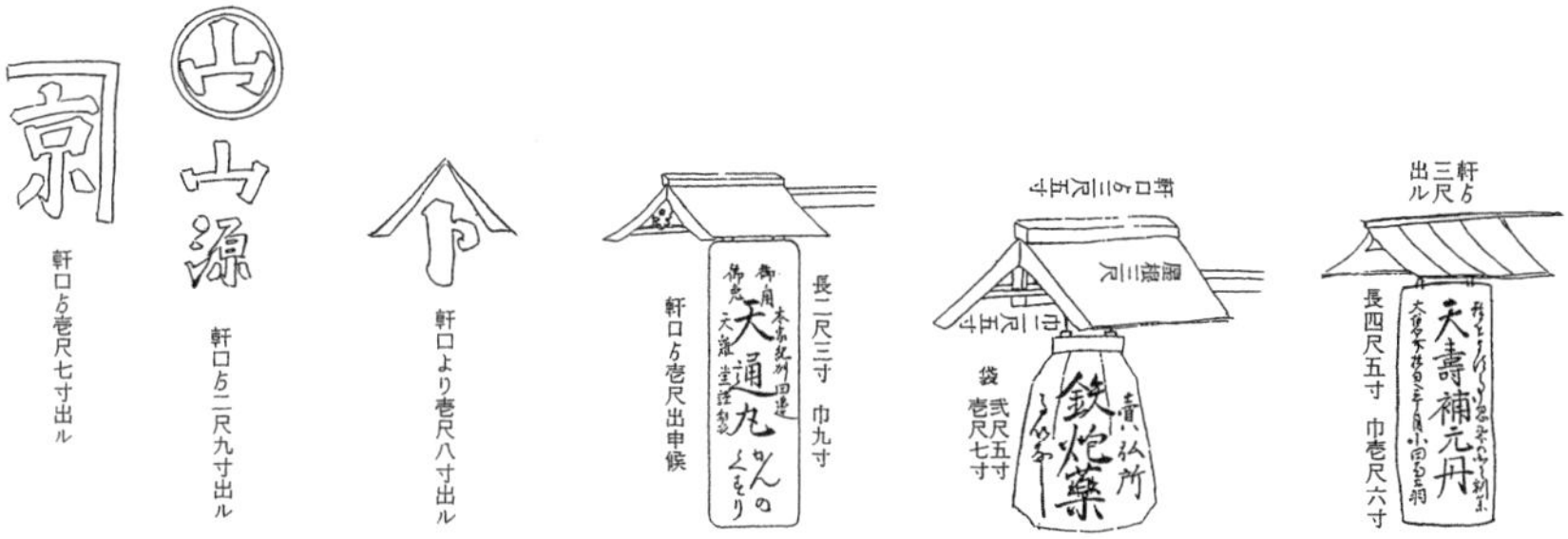

弘化元年　弘化元年　天保14年　天保14年　天保12年

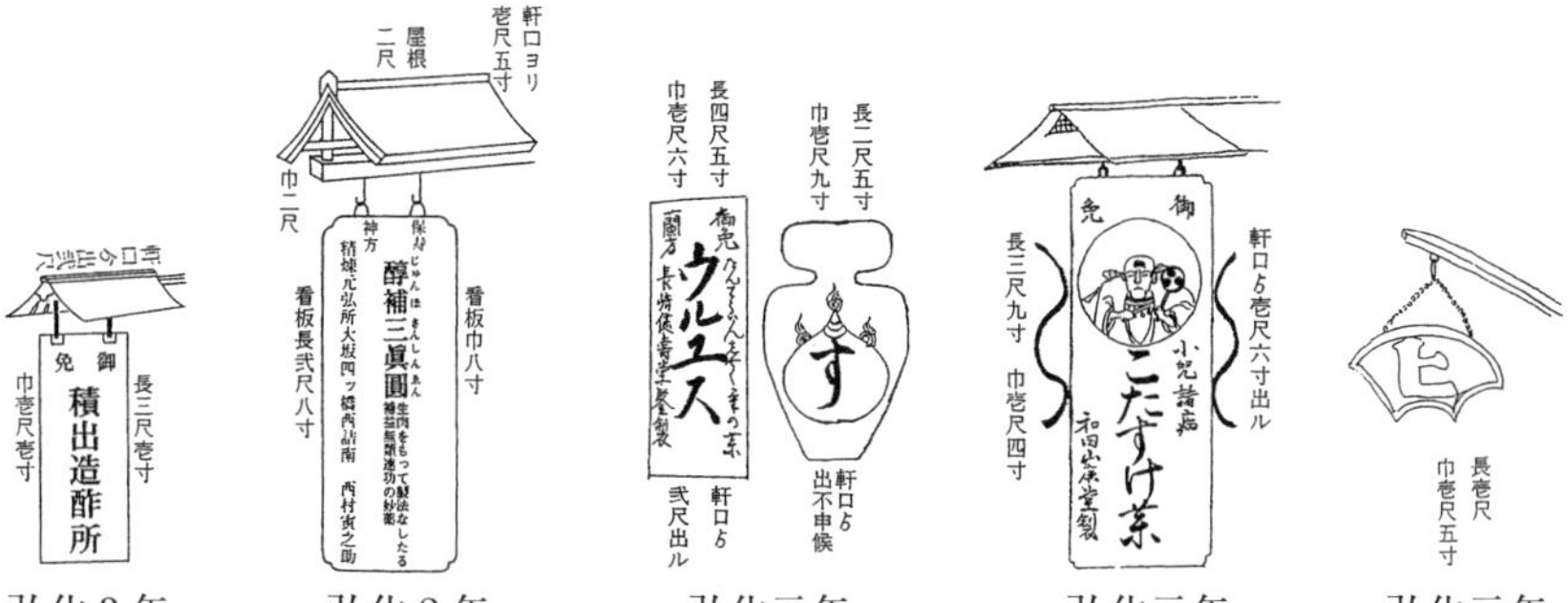

弘化3年　弘化2年　弘化元年　弘化元年　弘化元年

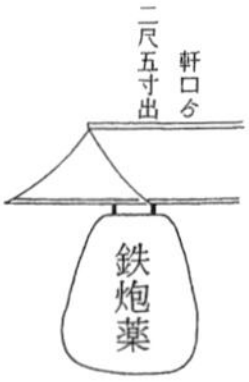

万延元年

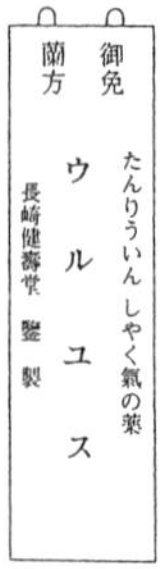

安政4年

嘉永2年

嘉永2年

嘉永元年

文久3年

文久3年

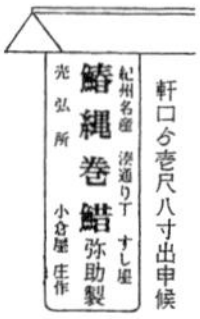

文久元年

文久元年

文久元年

元治2年

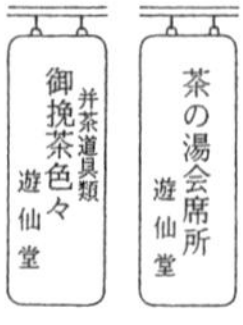

元治2年

元治元年

一小棟たるへし
一ひち木作より上の結構無用たるへし
一右、堂舎客殿方丈庫裏其外ニても、此定より梁間ひろく作へからす、若ひろく可作之、子細於有之は、寺社奉行所へ申伺之、可任差図候以上、（以下略）

また武家屋敷でいえば

〔武家屋敷〕

覚

一なけし作之事
一杉戸之事、書院之事ならびに何方にもくしかたの類、
一ほり物くミ物之事、一結構成木にてぬくひ板之事、一床ふち其外さんかまち等ぬり物事、附から紙のはり付、一けやき門之事、右の通、家作今度類焼にあひ候ものハ無用たるへし、有来家は其儘差置、重て作直シ候節は、此々候之趣守様ニと申渡之（以下略）

いずれも奢侈をいやがり、質素なつくりを要求しているといえる。ここに近世の建築法令の理念の一つ、「簡素」を読みとることができる。

それから――これは筆者らが研究した萩の城下町に対して出された法令に多々みられるが――街路に面した塀や長屋門に対して整然性を求めている。この手の法令は多くの地域にある（今回の田辺にもあった）。

この「簡素さと整然性」をどのように捉えればよいのか。結論からいえば、これは封建制の表出でもあ

り、幕府の基本理念である質素倹約であろう。しかし、それとしても建築法令の社会的・政治的側面であって、真意ではないのではなかろうか。つまり、幕府は簡素で整然性をもった街並みが「好みという感情」であったといえないだろうか。この好みという感情によって家屋に簡素性をもとめ、街路に整然性をもとめたと考えることができるのではないだろうか。いろいろ規制をみてきたが、詰まるところ規制をかける側の好みという感情によって、規制は決まる。特に当時は封建体制国家であったので、幕府の好みが――全国では規制の強弱はありながら――存在した。法令がまったく身分、機能面だけで理解しえないのは、この点を考慮しないからだろう。法令をかける側も人間、かけられる側も人間、国家の基本理念である質素・簡素を旨としながらも、整然性といった、国家側の美意識が透けてみえるのが建築規制といってよいであろう。

『紀州田辺町大帳』にみる建築法令

登場順	巻数	冊数	頁数	年号	西暦	内　容
1	7	41	2	寛政二年	1790	一同十八日　香厳院様御忌日廿日之御日取ニ相成候事、近年御旗本御家人とも一統勝手向及困窮候趣相聞候、右者数十年来いつとなく豪奢之風ニ馴衣食住者勿論万事結構を尽し無益之雑費有之候故、勝手向不如意ニ至おのつから実意も日々薄く平常之嗜も無之様成行候族も有之哉ニ候、畢竟其身之分限をも不顧故之儀ニ候当時文武之芸等可致修行ニも勝手向不如意故、自然と行届兼ならびに子孫之教育ニも不束ニ有之其子孫ニ至候而も不宜事のミ及見聞行々心得違を生し終ニハ節義ニかけ候儀抔を、致其家名を汚候類粗有之儀ニ候、去午年半毛以上損亡之分ハ莫大之拝借等被仰付ならびに此度御蔵米取之分借金済方利下等之儀被仰付候儀ニ候、上ハ別而心を用質素倹約を正し、常々格式分限を弁へ且臨時要用等常相応心懸置候程ニ取計可申事ニ候、近年至候而ハ一統相慎候由ニ候へとも久々風儀馴候而衣食住等之外見をかさり候儀ハ猶も有之哉之処、不約束不義理及候事、都而恥候心も薄く不法之借方等致し不仁之用金等知行所へ申付候類も間々有之哉ニ候、たとへハ此度年限より借金ならびに損等ハ御蔵米取一統候へとも又借候仕宜ニも寄義理を以借候へハ義理を以報候事、其外困窮ニ乗し候而借受且ハ先方困窮ニ及候を見捨候も是又不義理ニ可当儀是等ハ人々実意ニ有之事ニ候恥へきをも不恥義理をも不顧一己之利得をのミ心得候ハ有之間敷事ニ而候、近年御仕置相成候者も様々心得違如何筋も有之遂ニハ其家をもたやし其身をも失ひ候儀、誠ニ残念之次第ニ候此度格別ニ被仰出候上ハ、別而身持等相慎文武之道相励節倹之儀心懸朋友親類等へも心附申談子孫をも教訓いたし永く家名を保忠孝二かなひ候様ニ風儀を改可申事ニ候、此上心得違等有之候ハ、別而厳重之御沙汰ニ可相及候条其趣可存事 （中略） 正月十六日 小出新兵衛殿　丹羽伝四郎 工藤六郎左衛門殿
2	7	41	7	寛政二年	1790	口上 当町岡屋弥市三栖東角建家之裏へ蔵建申度由ニ罷在候、右屋敷ハ廿間之裏行北新町北側之裏行ニ御させ候へハ蔵建候而も不苦奉候へとも、一通リ奉窺候外町ニも同機之儀御座候下地之見苦敷小家よりハ町並も宜相成儀ニ御座候何とそ御聞届被成下候様奉願上候以上 北新町年寄 孫太夫 戌二月
3	7	47	222	寛政八年	1796	一諸士拝領屋敷之儀、近年一統難渋之事ニ付修覆等も難致、段々見苦敷相成候儀無拠品ニハ候とも代々持伝候屋敷ニ候得ハ、随分修覆致持届候様可取計
4	7	49	329	寛政十年	1798	奉願口上 三州桑子妙源寺本堂及大破勧化奉願候由、右ハ御由緒御座候而御寄附被遊候旨町方よりも勧金三拾両当年より来年迄指出候様被仰付奉畏候仍之町々へ割

登場順	巻数	冊数	頁数	年号	西暦	内　　容
						符可仕と跡方相調候処、往古より無拠筋とて町在ニ而三両五両指出候ハ見当申候へとも、右之通高金之勧化取扱仕候儀無御座候、猶又近年ハ御繰合調達銀御断延ニ付内々難渋凡何角取〆罷在候、其上御存之通鶏合宮ハ町表不相応之大社普請も年々ニ迫り既西ノ御前屋根替凡百両余之入用町計りニ而難相調諸方相対勧化等唯今相働罷在候折柄ニ御座候へハ、旁以何卒右勧化金格別ニ御減少被下候様町々年寄共願出申候、其段奉願候処一度ニ出し切申ニ而も無之勘弁致相働候様被仰付候、右申上候海内々難渋罷在候ニ付、乍恐又々願書指上申候宜敷御賢慮奉願出候以上 四人 六月 町御奉行様
5	8	53	110	享和二年	1802	奉願口上 此度新庄見世ならびに在見世之儀御願申上候処、早速御聞届被為成下難有奉存候、右在店御願申上候も近年ハ町表別而不商ニ御座候故乍恐御願申上候御事ニ御座候然処、下三栖村へ造酒屋相始り候風聞も御座候若左様ニ相成候而ハ町表大ニ指支可申と甚以難渋至極奉存候、右三栖辺は奥筋広く引受諸産物多出人馬等過半出候土地ニ而候へハ、酒屋始り候而ハ自然と御城下出町之者も無拠淋しく可相成候へハ町商人ハ、不及申上末々ニ至迄難渋仕候、右造酒之儀ハ別而人寄宜商からニ御座候へハ、町表大ニ衰微仕可申と甚以歎敷奉存候殊ニ三栖辺ハ、往古より酒屋有之候ハ及承も無御座土地ニ而候得ハ、何卒御慈悲を以差支相成不申様幾重ニも奉願上候以上 町商人共 八町年寄 戌四月 右之通 町御奉行所様
6	8	57	369	文化三年	1806	一□日近年寺院内外之塀其外壁等へ猥ニ楽(落)書致如何之儀ニ有之候、別而海蔵寺之儀ハ毎度御名代御廟参も有之猶又聖護院様御通之節御宿坊ニも被仰付候事ニ候へハ、右体楽(落)書等堅不致様子子供其外之ものへも不洩様可申付、此後心得違楽(落)書致候者も有之候ヽ相調させ過料可申付候 大年寄中 田所八郎左衛門 八月 町々年寄中
7	9	59	76	文化五年	1808	奉願口上 当町播磨屋余左衛門跡相続之養子ニ堅田村源七と申者、寛政六寅年御願申上御聞届相済御座候処、不調法之品御座候而去子年御咎被為仰付、其後丑三月在所堅田村へ引取候様被為仰付、則堅田村へ引取判形も送り遣し申候、右ハ町判之儀ニ候故其節私共より御願可申上筈ニ御座候処余り恐多奉存差扣へ申候、夫より于今堅田村ニ住居仕罷在候へ共、源七儀幼年より町表ニ居住仕候

登場順	巻数	冊数	頁数	年号	西暦	内　容
						者ニ而在所ニ而ハ渡世難仕甚難渋仕候ニ付、何卒御慈悲之御了簡を以町判ニ御赦免被為成下候ハヽ、手仕事等ニ而町住居仕候ハヽ余左衛門位牌所も相立させ余左衛門一類之私共迄も難有仕合ニ奉存候段、当町干鰯屋七郎兵衛神田屋藤兵衛願出申候、右ハ甚恐多奉存候得共、何卒町表住居ニ相成当町帳面へ相加へ候様、御赦免被為成下候様ニと右一類之者、両人毎々願出申候右願之通被為仰付被下候様奉願上候 右之通宜御願被仰上可被下候以上 本町年寄 善右衛門 辰五月 四　人当 右之趣願出申候ニ付書附差上申候以上 四人印 町奉行所様
8	9	61	214	文化七年	1810	（前略） 一町往還筋牛馬繋候儀堅不相成事 但横丁文ハ存分たり共、御城下内町並之処ハ引縄短く繋き猥ニ無之様可致候 （中略） 一町分ハ勿論たとえ存分たりとも御城下内町並之処ニ而、違(麦カ)こなし為間敷事 一町筋往還へ煉土致申間敷事 但在分たり共町並之処ハ同様ニ相心得可申事 一町筋往還へ干物猥ニ致間敷事 但在分たり共町並之処ハ同様之事 五月 右之通被仰聞候ニ付町江川へ廻文ニ而申通
9	9	26	286	文化八年	1811	（前略） 一同日浄行寺前近辺塵芥捨有之早速為取片付候様との儀ニ付申通 （中略） 南新町年寄 宇兵衛 紺屋町年寄 伊左衛門 袋町年寄 権左衛門 町内ニ而麦作こなしならびに干物等不相成段、毎々相通し申去午五月二日も分ヶ而相通候処、当年も猥ニ有之趣相聞候ニ付相調させ候処背之者夫々名前書附差出候ニ付、一等咎可申付筈ニ有之候へとも、此度ハ令用捨候自今心得違無之様可申聞候其方共儀、丁内ニ而右等気付可申処其儀無之等閑之至ニ付急度可申付筈ニ候得共、此度ハ令用捨呵り申付候 五月十四日 北新町 宇兵衛 其方居宅表ニ而当四月麦作こなし唐竿打干物等いたし候段、右ハ不相成段

登場順	巻数	冊数	頁数	年号	西暦	内　容
						毎々相通候処、受用不致甚不埒之至ニ付急度可申付筈ニ候へとも、此度ハ令用捨呵り申付候自今相咾可申候 北新町年寄 伝兵衛 町並往還筋ニ而麦作こなしならびニ干物等不相成段毎々相通、去午五月ニも分ヶ而相通し候処当年も猥ニ有之趣相聞候ニ付為相調候処背之ものとも夫々名前書附差出候、右ハ甚不埒之至ニ付、其丁宇兵衛呵申付其余之者共ハ、此度ハ令用捨候自今心得違無之様可申聞候、其方儀丁内ニ而右等気付可申之処、其儀無之等閑之至ニ付急度可申付筈ニ候得とも此度ハ令用捨呵り申付候 五月十四日 片町網屋 弥兵衛 其方居宅表ニ而四月麦作こなし、唐竿打干物等致候段右ハ不相成段毎々相通し候処、受用不致甚不埒之至ニ付、急度可申付筈ニ候へとも、此度ハ用令捨呵り申付候自今相咎可申候 片町年寄 利太夫 町並往還筋ニ而麦作こなし干物等不相成、毎々相通去午五月ニも分而相通し候処、当年も猥ニ有之趣相聞候ニ付相調させ候処網屋弥兵衛麦こなし、ならびに唐竿打仕候段書付差出候、右ハ甚タ不埒之品ニ付呵申付候、其方儀丁内ニ而右等気付可申処無其儀等閑之至ニ付、急度可申付筈ニ候へ共此度ハ令用捨呵り申付候 五月十四日 右ニ付我々立合町会所ニ而申渡ス
10	11	67	65	文化十三年	1816	一同日本町より左之通名前之者共、表へ庇屋根仕度夜分ハ取込可申間何卒宜御申上被下様申出候長兵衛御達申上候 干か屋 平　八 同 半　七 泉屋 久兵衛 紺屋 伊兵衛 平　吉 右半切書ニ而差出候処後刻左之通 今朝達出候日さし之儀御名代等通り筋ハ余計ニ出張候儀ニ候ハヽ、其節々取片付候様心得申通置候様令存候、右之通本町へ申通猶又昼後先日差出有之石田琳差斉娘養子三番小皆延寿院弟欣次養子願相済候段、御通しニ是又本町へ申通候
11	11	68	145	文化十四年	1817	一廿八日左之通 大橋小橋欄干へ腰掛候儀ハ勿論佇候儀も不相成段毎々相触有之候処、近頃心得違之者も有之趣相聞不埒之事ニ候、向後急度取計振も有之候間末々迄不洩様入念相通し可被申候依之申通候以上 （中略） 六月廿九日

登場順	巻数	冊数	頁数	年号	西暦	内　　容
						大年寄中 田所八郎左衛門 町々年寄
12	12	72	108	文政四年	1821	一十三日御用部屋より玉置氏呼ニ参り罷越候処、先達而届出候徳田道積家普請ニ付表へかこひいたし度との願相済候段被仰聞□忠平衛を以申通候
13	12	72	158	文政四年	1821	一町江川ゟ願書左ニ記 奉願口上 米穀下値ニ付去春従御公儀諸商売諸色共値下被為仰付候御触之趣委細奉畏商内者者夫々値下仕相捌候節も御座候得《(ママ)》共、諸職人之内大工桶屋畳屋石屋《(ママ)》左官木挽船大工之類賃銭値下□□、其上是迄雇来候筋ならて者□□不相成誰々旦那場抔と申外職□□入込差止申候、大前小前ニ不限惣而□□仕候儀ハ夫々之家業之透間を□候而不指支様致候儀ハ勿論之儀ニ御座《(ママ)》候処、是迄雇来候職人雇ニ参指支之節外職人雇呉候様頼候而も早速雇呉不申銘々より世話仕手透之職人自身雇ニ参り候而も仲間之極有之難参抔と申参呉不申、畢竟くこり商内同様之致方ニ而甚差支一統難渋仕候、別而町表儀ハ大前小前共難渋之中ニ而も居宅ならびに借家等破損無拠品ニ而修復仕候節ハ在方之普請とハ違瓦下地二階建□ニ而御座候故、工数多相掛り物入等多候上〔　　〕商売之透間を見合普請取掛り〔　　〕御座候へ共少々ニ而も可成丈出情致□□処朝夕之仕業詰不申手伝日雇〔　　〕朝仕業之掛り早く昼合詰候へハ〔　　〕ニ入申遣ニおゐいてハ短日之節者□□難渋仕候日々之仕業呉レ越候ニ付□□纔之繕普請等ニも雑用多掛り至致難渋仕候、此後者旦那場抔と申差別無之鍛冶紺屋諸稼之日雇同様大工桶屋畳屋石屋左官木挽船大工之類何れニ而も勝手ニ被雇候様被為仰付被下候ハヽ、自然と夫々出情仕気侭成儀無御座儀と奉存候、大工左官石屋畳屋桶屋木挽船大工共御上之用御相勤候故、働場所相極有之□□と申儀ニ御座候得とも〔　　〕相住候者ともいつれ御用不相勤〔　　〕御座候且又御領分之内ニも職人〔　　〕場と申極無御座勝手ニ雇ハ組々〔　　〕候段承及申候御表領ニも此頃入込〔　　〕被雇候様相成候由、是又承及申候□□御《(カ)》賢慮被為成下右職人共遣候節相《(カ)》対ニ而勝手ニ雇ハれ候様被為仰付被下候ハヽ、町江川一統之者ともいか計難有奉存候何卒願之通被為仰付被下候様奉願上候 右之通宜御願被仰上可被下候以上 巳十一月 南新町年寄 小八郎 北新町年寄 伝兵衛 紺屋町年寄 清平衛 片町年寄 利太夫 袋町年寄 九兵衛 上長町年寄 平　八

登場順	巻数	冊数	頁数	年号	西暦	内容
						下長町年寄 藤右衛門 本町年寄 平　八 江川浦年寄 林源吉 右同断 小山助右衛門 同浦庄屋 畑林兵衛 田所八左衛門殿 多屋平次殿 岡本六左衛門殿 中川長平殿 右之趣願出候ニ付書付差上申候本文願之通被仰付被下候ハヽ小前末々迄難有可奉存候何卒御憐愍之御了簡を以願之通被仰付被下候様奉願候以上 四人　印
14	12	74	196	文政六年	1823	（前略） 一廿二日南新町より届出候ハ生馬屋宇兵衛所持之借家宇兵衛居宅之南隣ニ御座候右借家少々繕普請仕候ニ付、表へ板かこひ仕度旨願出候ニ付、其品御届申上候処後刻御聞届相済
15	12	74	208	文政六年	1823	（前略） 一六日紺屋町年寄申出候者当町稲荷社へ建物仕度候ニ付、三軒屋根表へねり土いたし度段申出候ニ付其段平次御達し申上候以上 右届之儀いなり社中等普請いたし候得者是迄之時節とハ違先而書上之外建物等不相成候得者、御見分も有之故願書ニいたし差出候様申付置候、土ねり場之儀者飛脚勘吉土ニいたし三軒屋へねり候儀届ヶ置相済申候 （中略） 奉願口上 当町之儀者何れ共小家ニ而土蔵等も無数候故、御笠鉾諸道具入置候所無御座出火水出之節之用心不宜兼而心配仕候ニ付、此度当町稲荷明神之境内へ弐間四方之土蔵建申度段丁内之者共一統願出申候、何卒右願之通境内之土蔵建候儀御赦免被為成下候様奉願上候以上 右之通宜御願被仰上可被下候以上 未八月 紺屋町年寄 清兵衛 四　　人当テ 右之趣願出申候ニ付書付差上申候以上 四人　印 町御奉行様 絵　図
16	13	76	2	文政八年	1825	（前略） 一十三日片町紺屋平八家普請ニ付、表へ板囲仕度段願出候ニ付、御達申上候処後刻御聞届有之段忠兵衛を以申通候

登場順	巻数	冊数	頁数	年号	西暦	内　容
						（後略）
17	13	78	204	文政九年	1826	一同日岡本六左衛門へ御達し左之通 大橋小橋欄干江腰懸候儀者勿論佇ミも一切不相成段先年より度々相通有之、猶又去酉年訳而厳敷相通一統能承知之事ニ有之候処、今以心得違之向も有之往来を妨不作法之いたし方有之諸人及難儀候趣粗相聞甚以不心得不埒之事ニ候、以来別紙之通廻り役人へ申渡内々繁々為打廻不作法之向有之候ヽ、無用捨厳敷咎可申付候条心得無之様可致候 六月晦日 盗賊方 奉行組 町奉行組 下目付 大橋小橋欄干へ腰懸候儀者勿論佇ミ候儀も不相成段、先年より度々相通有之一統能承知之事ニ候処近頃、心得違之向も有之往来を妨不作法之品之有之哉ニ相聞甚以不心得不埒之至候、以来忍々繁々打廻り右等心得違之向有之候得者名前相糺其段早速可相違候 右御通ニ付割廻状ニ而町八丁へ申通格中へも廻状ニ而申通江川へ者、回所氏より申通候 一晦日江川御口前所御役人入替りニ付御通し有七月八日左ニ委細有 口上 切戸中川原高山寺道西ノ方こなし場ニいたし有之候者共、右場所者御村より借り受候ニ付年々米四斗ツヽ無相違相渡可申旨、掛合双方納得之上不相替年々相渡可申段申出候ニ付為後日一札如件 文政九年戌六月 紺屋町年寄 善兵衛 下長町同断 義兵衛 本町同断 平　八 湊村庄屋 源　七殿 右之通相糺候処相違無之候以上 四人 宛名なし 右者此度湊村より右中川原開地之願書差出候処、町方湊村双方之一札相添差出候様との儀田所氏より申来候ニ付、相認相渡し申候然処右一札ハ本紙ニ付写相添差出し候由承り申候、尤追而湊村より之一札此方へ請取候筈
18	13	80	276	文政十年	1827	願書 町会所門破損仕候ニ付建替申度奉存候、右ニ付町会所之儀者先年御順見之節抔ニ者重御役人様方御詰所ニも相成候儀も御座候へハ、此度建替申ニ付両開戸ニ仕度奉存候何卒両開戸御赦免被下候様奉願候以上 亥三月 原　和七

登場順	巻数	冊数	頁数	年号	西暦	内　容
						中川長平 多屋平次 田所弥惣左衛門 忌中無印 町御奉行所様
19	14	84	191	天保元年	1830	（前略） 一十五日左之通 町寺社建増普請或ハ再興等願出候節ハ、境内之模様間数等為改町組小頭下目付前後共立合候筈 一都而願書認振ならびに加印等ハ是迄之通
20	14	87	342	天保四年	1833	奉願口上 私儀紺屋町忠蔵茶店出商仕候橋台古茶屋跡場所之儀去辰六月御願申上候処、御聞済被成下難有仕合ニ奉存候、右ハ早速茶屋掛仕度奉存候得共同所ハ夏分日影少く別而冬向ハ川風強く相当り候故、已前忠蔵出商内之茶店通りニ而ハ間口奥行等も狭く御座候ニ准庭も狭く御座候故、往来之旅人休息仕居候節商内之都合も悪敷其上春向計之出茶屋ニ御座候へハ、渡世之助ニも相成不申候ニ付間口裏行等をも相広ヶ四間四方位ニ仕度奉存候、尤下地ハ板屋根土台建ニ御座候へ共右体ニ仕候而ハ惣体壊込も早く御座候へハ置瓦ニ仕度敷石ハ薄石ニ仕東西へ壁付申度猶又裏へ壱間四方之雪隠取立是又置瓦ニ仕度奉存候左候へハ、同所ニ而年来商内も相成旅人休所之都合も宜候へハ私渡世之助ヶニもいか計難有仕合ニ奉存候、右ニ付而ハ大橋小橋掃除ハ勿論御普請之節其外同所辺へ御用御出張之御役人様方御休息之御宿をも奉申上度奉存候、且又出水等ニ而水勢之障りニも相成候へハ早速壁等打はづし、水流宜様取計可仕候間、 何卒格別之了簡を以願之通御聞済被為成下候様幾重ニも奉願上候已上 巳四月 大居屋 甚　八 本町年寄 五郎兵衛殿 右之通宜御願被仰上可被下候以上 本町年寄 五郎兵衛 四　人当 右之趣願出申候ニ付差上申候以上 四人印 町御奉行所様
21	16	188	95	天保十二年	1841	一四日左之通御通し 町々儀倹約を相守衣服飲食住居向等万端奢ヶ間敷儀無之稼方精出し候様前々より毎々相触候処、いつとなく相弛ミ奢侈之風俗押移り、近頃ハ別而衣服住居向等之専花美を好身分不相応之衣服を着用致女之髪飾等ニも花美之品相用祝儀事 其外ニも飲食を専ニいたし無益之慰事等ニ金銀を費し奢ニ長し稼方疎成者

登場順	巻数	冊数	頁数	年号	西暦	内容
						も有之趣相聞候、此度従公儀質素節倹相守衣服飲食奢ヶ間敷儀無之無益之費を背キ候様被仰出此方御ニも御家中初被仰出候品も有之候ニ付而ハ、町之儀も厚相心得万端致倹約衣服之儀ハ大年寄等ニ而も専綿服等を相用ひ其外之者共ハ都而綿服のミ相用家内之犠も、夫々分限ニ応し勿論麁服を致させ居宅之儀も奢ヶ間敷普請等ハ決而不致飲食之儀も養子引越嫁取等を初派立候祝儀事等之節ニ而も銘々分限ニ応し成丈ヶ手軽ニ致其外都而奢ヶ間敷儀且無益之費を省キ家業等専一ニ出精可致旨小前末々迄不洩様可申通候、右ニ付町役人共等猶更其身を慎御趣意ニ不致齟齬様相心得常々厚教諭いたし奢侈之風俗相改させ、其上ニも心得違之者有之候ハヽ、急度可申付旨、是又夫々江可申通事 　衣服之儀本文之通ニ候得共近頃花美ニ相成候ハ一体之儀ニ付俄ニ麁服申付候而ハ此節新調をも不致候而ハ不相成者も有之左候而ハ却而費之至ニ付右等之ものハ、追而相通候迄先当分持合之衣服着用いたし候而も不苦候、此後新調いたし候節ハ夫々本文之御趣意堅相守可申、若心得違持合ニ車寄花美成品内々新調いたし候儀等相聞候ハヽ、相糺可申事 　十一月 右ニ付町江川年寄中町会所へ呼寄申渡
22	16	96	236	天保十三年	1843	七月廿日 近年諸寺院猥ニ其寺之本尊什物仏具ならびに建具等書入又ハ売渡し証文を以金銀借用いたし候寺院数多有之不埒之事ニ候、向後右之品質ニ入或ハ売渡し証文を以金銀借用いたし候当人ハ勿論証人迄も吟味之上急度可申付候、尤金主之儀も右之品質物ニ取売渡証文ニ而金子借候段不埒ニ付金子済方之儀訴出候共向後者済方申付間敷候 右之通元文三午年於江戸表寺社奉行より諸寺院ならびに町方へ相触候ニ付本寺役寺触頭等より配下之寺院へ致通達候儀ニ付於当表別書之次第相触候儀無之共持職之身分ニ而ハ兼而相弁可罷在処、無其儀心得違之者有之近年猥ニ相成候趣相聞不埒之事ニ候全年久敷相成候ニ付触渡之趣致忘却候、或ハ不相弁者も有之哉以之外之事ニ候間右元文度触渡之趣忘却不致様急度可相守、仮令右貸付返済相滞金主より及出訴候共済方之不及沙汰候向後右之品質ニ入候歟或ハ書入致金銀借用致又ハ売渡し候者於有之ハ当人ハ勿論判組口頭人金主迄も吟味之上急度可及沙汰候間心得違無之様可致候 都而寺院家普請之儀聊之事ニ而も奉行所へ願出承届候上作事可致儀ニ候処、心得違之者も有之哉不願出普請いたし又ハ願出之分も願通と相違之作事を致候様成儀も有之趣相聞不埒之至ニ候 右体之儀於有之ハ、急度沙汰可致候間心得違無之様可致候 右之通安永九子年触渡置候処いつとなく相弛ミ、追々増長いたし猥ニ押移り不願出、我侭ニ修覆再建新建等いたし又者願出聞届之分も普請之仕方願通と相違致候、作事向も有之由相聞へ不埒之事ニ候先年相触候より年久敷相成候ニ付触渡之趣、全致忘却候歟或ハ不相弁者も有之候故之儀と相聞へ候間、前書触渡之趣能致弁別無違失相守聊之普譜たり共願出候上作事可致且願出聞届候分も願通りと相違之作事ニ致間敷儀ハ勿論、願済出来立候ハヽ、断出候申様渡置候処、兎角等閑ニ押移り出来立断候儀適々ニ而如何之事ニ候間出来立

登場順	巻数	冊数	頁数	年号	西暦	内　　容
						候ヽ、無等閑可断出品ニ寄見分之者差遣し候儀も可有之候条、尤心得違不願 出修覆再建新建等致候分ハ、普請之仕方委敷相認墨引絵図相添早々断出可申 近年所々火災ニ付類焼ニおよひ候寺社も有之追々再建可断出候条、右ニ付寺 社普請之仕方一体心得違之儀左ニ申聞置候惣而是迄仕来之寺社建物大造ニ而 其上修覆を加へ候砌ハ、兎角他之寺社より見聞宜様致度念慮より手重之造作 を好ミ候儀と相聞尤願書之如く御法度之作事ハ致間敷候得共、彫物組物ニ似 寄候儀相交り候向も有之由左候へハ自分高価之材木勿論鉄物類職人工手間迄 も、格別手籠り雑費多分相掛り不益之事而已ニ心を尽し候様相成候、名聞競 争之俗情ニ拘り候儀ハ却て神仏之心ニハ相叶間敷筋ニ而可有之候、此段ハ僧 侶神職之輩兼々相弁可有罷儀ニ候へハ、修理等之儀ハ多分難及自力檀家氏子 講中等之任助力無拠、世話之意ニ随ひ居候儀も可有之哉乍併無益之費を不弁 名聞之作事荘厳ニ相泥ミ候儀ハ有之間敷事ニ候、勿論寺格社格ニ而従来大造 之神事法会等仕来候類ハ堂社等も其時宜ニ応し可申儀且是迄有来候分ハ其通 之事ニ候得共、此後追々修理再建之企いたし候寺社之分仮元令家氏子講中等 ニ世話為致候共前段之意味与得申談再建已前より成丈ヶ手軽ニいたし候へハ 諸入用も減し修理も早速調度可致筋ニ候間、右等之儀能致弁別可申候尤、是 迄願出聞届候寺社普請之内自然旦家氏子講中等之勤メ泥他之寺社ニ劣間敷と の心得違競争ニ抱《(ママ)》願通相違ニ而、彫物組物ニ似寄候儀相交り候欤或ハ間数等 定法ニ外レ候作事企居候向も有之者、兼而願済之通相改御法度之作事紛敷儀 無之様、可致右体教諭之次第触渡之後自然相背猥之儀於相聞ハ当人ハ勿論、 連印之者共迄も吟味之上急度可及沙汰候間心得違無之様可致候 　　七月 右之通格中ならびに八丁へ廻状ニ而申通
23	16	96	258	天保十三年	1742	一北新町年寄伝兵衛今朝山内へ出立仕候段、届出申候ニ付代役古金屋新右衛 　門へ申付候段御達申上ル小頭へハ善助を以申遣ス 一同日左之通 　国々城下社地ニおいて江戸京大坂より旅稼ニ出候歌舞妓《(ママ)》役者共を、抱芝居 　狂言等相催候由右ハ其所之風俗を乱し不可筋ニ付、向後決而抱入申間敷 　候、尤三都狂言座之外他国稼不相成旨今般取締方急度申渡候間得、其意此 　上右之者共罷越芝居興行等之及対談候ハヽ、其所ニ留置最寄奉行所又ハ、 　御代官領主役場等へ早々可申出候若触面之趣相背ニおゐてハ右に携り候も 　の共悉遂穿鑿遠国ニ候共壱人別ニ江戸表へ呼出し吟味之上村役人共、初一 　同厳重之咎可申付候 　右之通御料ハ御代官私領ハ領主地頭より不洩様可触知者也 　　七月 右之趣可被相触候 右之通相触候間可存其趣候 近年衣食住を初諸事奢侈起過致候間質素節倹等之儀格別厚御趣意をも被仰出 候、右ニ付新規家作ならびに屋敷構等破損所修復迄も斟酌いたし扣置候向も 有之哉ニ相聞候畢竟、身分不相応華美或ハ手広取補理候儀ハ無用之事ニ候得 共、修復ハ勿論新規之家作ニ候とも銘々身分相応取補理候儀ハ不苦候間、少 も無遠慮普請ならびに修復等勝手次第可仕旨各為噂候段向々江寄々可被咄置

登場順	巻数	冊数	頁数	年号	西暦	内　　容
						候事 　　四月 右御通しニ付格中ならびに八丁へも申通
24	17	100	119	弘化三年	1846	一二日 町在之者共町内ニ而馬繋キ候儀近頃ハ猥ニ相成牽綱長く繋キ候ニ付而ハ、往来之妨ニも相成甚以不埒之事ニ付右等之儀急度不相成候、若又心得違長く繋キ候者於有之ハ厳敷咎可申付候猶又町内之者共、自分宅ニ而取引之内軒下或ハ横手等へ馬繋候節ハ気を付往来之妨ニ不相成、様取斗可申候此段相心得不洩様相通可申事 　　閏五月
25	18	105	56	嘉永四年	1851	一同日南新町年寄那須小八土蔵本正寺側より腰板はづし裾壁少々崩し候へ共何も紛失品ハ無御座候段、申出候 一同日権現宮西ノ御前内陣之柱ニ張有之候金ナ物夜前盗取候もの有之候段、申来候ニ付右両様とも御内達いたし置候 　　（中略） 一同日南新町より油長借家普請ニ付、板囲仕度申出候ニ付其品御達済ニ付申通

第六章　庇下空間（軒下）の規制からみた近世商業空間

はじめに

城下町の街並みは、城下町の顔であり、幕府や藩は厳しい規制をした。しかし商売を行う側にとって店舗の表側は規制を無視してでも、色々と使い勝手のよいものにしたいのであった。

さて近年、博物館や実際の街並みで歴史的な町並みの復元や整備が進んでいる。その多くは近世期からの建物を参考にしたものが多いが、その結果、住人の日常生活が犠牲になる、画一的でどの街並みも同じにみえる、などの問題が認められる。これらの問題に一石を投じるには、近世期の町並みの実状について考えなければならない。

そこで本章では、主に江戸と大坂の町家正面（ファサード）の構成要素の一つである、庇下空間（軒下）に対する法令を主に検討することから各地域の庇に対する支配者・被支配者を含めた対応について考えるとともに、現在の街並み整備あるいは、推定復元模型などに対して考えたい（史料の出典について江戸は表

1、大坂は表2、岡山は表3を参照)。

一　江戸における庇下空間の規制について

江戸の町家は承応二年(一六五三)の規制に庇下に限って商品を置くことを許していることから、当時すでに多くの町家において、軒下を私物化していた様子がうかがえる。

一町中仕廻店之売物、ひさし切ニ置可申候、庇より少も海道江出し道塞申間敷候

この時期、出過ぎた庇を切ることを命じるほど、庇が前に延びていたことがわかる。

一方、江戸をほとんど焼き尽くした明暦の大火後、相次いで触れ出される庇の規制は、江戸の町家における庇の在り方を具体的に示すとともに、以後近世を通じての基本的な公儀の解釈になる。公儀は明暦三年(一六五八)四月五日から同年八月三日までに度々庇規制を出令している。

まず四月五日に河岸通りの庇について、大火以前の通り一間までよいとしている。

一河岸通之壱間之庇、如前々之差置可申候、但、裏江之長サ定之外作出し申間敷事(1)

このように海道などの庇は明暦三年六月三日の触にみられるように、本来庇は通りにはみ出していたことを示す。

一先日も如申触候、此以前検地仕候所ハ此度不及相改候間、普請仕度ものハ御公儀之庇壱間引込、此跡改候杭之通本柱を立、海道江三尺之釣庇可仕事

四月五日についで触れ出される四月八日の庇規制は、日本橋通りに出されたものである。これに対して本町通りへは、この時点においては、

一庇之儀は、御切被成候壱間之内ニ而、半中之つりひさしニ、柱なしニ御ゆるし候間、仕様ハ町年寄
　方江参、差図を請、作事可仕事

にあるように、半間の柱なしの釣庇は許されると共に、

一河岸通之庇之儀は其儘置可申候、併河岸通もくひ違於有之ハ、其町々並ニひさし切可申候、作事仕候迄ハ小屋其儘置可申候、従町奉行所近日御与力衆改ニ御出候間、其前ニ町中立合吟味仕、杭を打
　置可申事

とあり、各河岸通りの町に合わせて庇を切るなど、景観的にも統一性を持たせようとした公儀側の意図を読みとることができる。さらに

一河岸通之庇之儀は其儘置可申候、併河岸通もくひ違於有之ハ、……

とあることから、河岸通り以外の、おそらくは海道筋も含めた道筋に対しても、町における庇の統一性を意識していたことがわかる。

ついで六月三日に、通町、本町通りに対して

一通町本町通表向は三尺之釣庇柱御赦免被成候間、三尺之庇之外ニ自分之地之内を三尺切、庇之下壱間通道ニ仕、柱を立作事可仕事、但自分之地之内三尺切候義迷惑ニ存、釣庇ニ仕度町は、片輪(側)切か又は壱町切ニ釣庇ニ成共可仕候、縦迷惑ニ存候者有之候共、壱町之者存寄候多分次第ニ付、隣町並

表1　江戸の庇下規制

発令年	出　典	触　の　内　容
承応2 (1653)	正宝事録1	一町中仕廻店之売物、ひさし切ニ置可申候、庇よりも少も海道江出し道塞申間敷候、後日ニ御改被遣候間、其節少成共海道江売物つみ出シ候者、御穿鑿之上、其店迄釘付ニ被成、其店主ハ不及申、家主五人組共ニ急度曲事可被仰付事、
享保11 (1726)	正宝事録2	奈良屋ニ而町中名主江被申渡 一海道御公儀地犬走り江家作致し、或ハ庇抔ニ壁を付、商売物等差置候族、其外何れニ御公儀地江家作出張致候類有之ハ、支配限絵図ニ致し、来廿八日迄可被差出候、無之町々ハ其断書、日限ニ可被差出候事
元文3 (1738)	正宝事録3	奈良屋ニ而所々名主江被申渡 一町々往還下水外江柱を立、囲等しつらい、其外出張之分書付可差出旨被申渡候 右ニ付町々より書出し候、 末ッ同九月八日 一右出張書出候町々名主月行事、奈良屋江被呼、出張之儀不埒至極ニ候、家作少々之造りかけハ、追而修覆等之時分急度取払可申、板囲よし垣其外出張之分ハ、早取払可申旨被申渡候
延享1 (1744)	御触書宝暦集成	近年町々店前縁或は庇したミ、往還え建出候所々有之、不埒ニ候、早速取払可申候得共、近年多くハ土蔵造りニ付、取払大造ニ有之、可致難儀候間、連々普請修復等之節、急度取払、其度々月番之町年寄え可相届事 一戸袋之儀は、貳拾三年以前寅年土蔵造之場所は、家之内ニは難納候間、家竝より外え附申度由願出、其通申付候間、彌其通相心得、且亦商物等之看板建候杭抔、往還え不障様可致候事
文化3 (1806)	御触書天保集成(下)	明和四年亥年之触 先月九日類焼之場所は年久敷町々故、前々家作之内、自然と往来之方え建出シ、沽券之間数とは致相違、道幅等沽券絵図に引合不申所も有之趣相聞候、右は当時建出シ候趣ニも無之、年来之事故、是迄之儀は格別之事ニ候得とも、以来右体ニは致間敷事ニ候間、類焼町々此度普請致シ候はゝ、間数相改、往来之方え建出シ不申様ニ致シ、道幅等沽券絵図ニ相違無之様可致候、勿論普請取掛候ても間数不相改、往来之方へ建出候分も、其儘致置候場所於有之は、遂吟味、急度可申付候、尤普請出来寄候ハゝ、見分差遣、相改ニて可有之候、 一前書之外、先月九日類焼不致候町々家作之内、右体致置候場所も可有之哉、是以同様之事候間、右之分も追々家作普請等致候節、間数相改、往来之方え建出シ候分は相直し、道幅等沽券絵図之通、相違無之様可致候、勿論追て普請等致候節も、間数不相改、往来之方え建出候分も、其儘致置候場所於有之は、遂吟味、急度可申付候、尤是又追々奉行所より見廻り等差遣、相改ニて可有之候 一町々之内往来え商売物等差出ならびに日覆等致し、商物差置候故、往来之差障ニ相成、出火等之節は猶以致混雑、殊ニ願も不致、右体に致置候場所も有之趣相聞、不埒ニ候、縦前々より之仕来ニ候とも、願も不致、往来え商ひ物差出、日覆等致候儀は難成事ニ候間、是非右之通不致候ては商売難成候ハゝ、以来其度々願出、差図之上、往来之差障不相成様可致候 但、是迄其度々願候上、往来え商売者差出、日覆等致し候分町々も、随分往来障ニ不相成様可致候 前條之趣堅相守、以来心得違無之様可致候、若右之通相触候

		儀を承知仕候迄ニて、等閑ニ致置場所も於有之は、吟味之上、當人は勿論、家主、五人組、名主共急度可申付條、是旨町中可触知もの也
		明和九辰年之触 町中家作之内、自然と往来之方え建出、沽券之間数とは致相違、道幅等沽券絵図ニ引合不申所も有之趣相聞候間、普請之節右体建出無之様可致旨、六年以前亥年相触候通候間、此段類焼之町々致家作候節、彌以建出不申様可致候、若右之趣不相用、建出候所も有之、後日相知候ハヽ、急度可申付候 一此度類焼町々之内、蔵作瓦葺家作可致場所ニて、当前之小屋掛ケは其通之事候得共、心得違、茅葺藁葺ニて、本普請同様家作いたし候ものも可有之哉、後々迄茅葺藁葺之儘差置候儀は難成事ニ候間、此段心得違無之様可致候、且本普請致候者、火除宜様いたし、家作候儀は格別之事ニ候得共、見分宜為計普請致シ候儀は、決て致間敷候、勿論内造作抔之儀、猶以手軽可仕候 右之通、類焼町々は不及申、其外町々不残可触知候
		右之趣、明和四亥年同九辰年触置候処、此度芝車町より出火ニて類焼之町々、追々家作補理可申儀ニ付、右類焼之向は勿論、類焼無之町々も、彌右触之趣堅相守可申候、明和年中為触知候以来、年を経候て追々令忘却か、触之趣致相違、庇等差出候所も有之哉ニ付、商物往還え障候様積置候儀等、惣て糺之上不束之次第ニ候ハヽ、急度用捨なく可及沙汰候 寅五月
天保12 (1841)	天保改革町触史料	町々商物高積ならびに往還江積出候儀ニ付、前々より定之趣相触置候得共、近来猥ニ相成甚高ク積上ケ其上往来之障ニ相成候程積し往来危躰ニ有之候旨相聞候ニ付、右躰之場所ハ左様無之様先達而申渡置候、然ル處今以右之通不埒之場所有之由相聞不届に候、以来見廻り之者差出傍示杭より高く積上ケ候場所ならびに傍示杭無之場所も前々定有之高サより余分積上又ハ、往来之障ニ相成候様積出し置候ハ吟味之上品ニ寄急度咎申付候上、高積ハ定之高サより多キ分ハ其品取上ケ見世先往還江積出し候品も右ニ准じ可申付候 丑十二月 右は今日南北小口年番北 御番所江被召出於御当番所下村彌助殿別紙御触写御渡有之町々高積之儀猥ニ相成甚高積之上往来之障ニ相成候場所有之候ニ付、右躰之場所は早々申通前々御定之丈尺より高く積上申間敷ならびに往来之障ニ不相成様積置可申、是迄と違ひ以来不時ニ御見廻り有之候間其心得ニて名主共支配限リ右商人共江不洩様得と為申聞置候旨且高積之儀ニ付違変有之節ハ、早々御同人宅江御届ケ可申旨組々可申通候様被仰渡御御受書差上候間、各様御組合限リ早々行届候様御通達可被成候以上 丑十二月廿八日
天保13 (1842)	天保改革町触史料	町々家作之儀、土蔵塗家等に可致旨、前々より度々触置候処、年暦を経、忘却致し候向も有之哉、近来塗家造等ハ稀ニて、柿葺多く、出火之節消防ため不宜候間、以来普請修復等之節前々申渡候通、土蔵造又ハ塗家可致、併一時ニは行届申間敷候間、先ツ表通り之分、追々土蔵造塗家等に相直シ、裏家之儀も柿葺之分ハ瓦葺に致し、造作も専質素に致、往還ハ勿論、横町裏町共猥ニ張出、建足し一切不致、都て形容に不拘、今般厚御趣意之趣相守、末々迄も行届候様可致 右之通被仰渡、奉畏候、為後日仍如件

(出典) 近世史料研究会編『正宝事録』(1964〜1966年)。高柳真三・石井良助編『御触書宝暦集成』『御触書天保集成』(1958年、岩波書店)。荒川秀俊編『天保改革町触史料』(1974年、雄山閣出版)。

ニ庇下壱間ニ可仕候事

とあり、通町、本町通りには釣庇に柱を立てることを許しているが、もし柱を設けるのであれば、自分の敷地から三尺譲り、先の三尺の釣庇とを合わせて一間庇にし、庇の下を一間通りの道にすることを事実上強要している。

釣庇に柱を設ける行為を通町本町通りに限定する規制は八月三日に

一内々如相触候、町中作事仕候ハヽ、御定之外海道江少も作り出申間敷候、通町筋本町通之外之町は、弥三尺之釣庇可仕候、縦自分之地之内三尺出候共、釣庇柱立申事堅可為無用事

と触れ出されている。この触は新たに

一川岸通ならびに魚棚鳥棚青物棚之ひさし、如前々御赦免之町は今度相改候杭之通ニ本柱を立、夫より壱間之庇可仕候、本間之外江少も作り出し申間敷事

と、許可を得た町、ならびに、魚棚・鳥棚・青物棚[2]の庇に関しては、自分の敷地内の一間庇を許可している点も注目される。

以上、明暦三年の庇規制は、都市の町家における庇の理想的な姿を明確に規定したものであることがわかる。

さて先にも述べたが、明暦三年の大火後、相次いで出される庇に対する規制は主に庇の在り方を定義したものであり、具体的な違反行為に対する忠告や指導といったものではなかった。これに対し、明暦三年以降に出令される触は明暦三年に指し示した庇の在り方を基にして、これに対する違反行為に対してそれ

ぞれに指導を加えたものである。享保十一年（一七二六）には、庇下空間が公儀地であることを明確に述べた後、その現状を調査するよう町年寄が名主に調査を求めている。

一海道御公儀地犬走り江家作致し、或ハ庇抔ニ壁を付、商売物等差置候族、其外何れニ御公儀地江家作出張致候類有之ハ、支配限絵図ニ致し、来廿八日迄可被差出候、無之町々ハ其断書、日限ニ可被差出候事

この時期には庇を内部に取り込むなど、庇下の私物化は進み庇下が煩雑としていた様子が窺える。

また元文三年（一七三八）には、同じく町年寄である奈良屋が、名主達に対して往還の下水溝の外に柱を立て囲い込むまたは張り出している町家に対して、修復等の際に取り払うこと、板囲よし垣などの出っ張りは早々に取り払うように、と既存の建築物はそのままにしているものの、仮設的なものについては即座に撤去を求めるなど、厳しい態度で公儀は臨んでいる。この元文三年（一七三八）の触は六年後の延享元年（一七四四）において、さらに具体的に指示される。店前の縁、庇したミ（下見）の表通りへの出っ張りが不埒であるとした。なお、この頃には享保五年（一七二〇）に相次いで触れ出された瓦などの防火材料の使用の奨励や、防火指定地域の設定などに代表される一連の防火対策の成果が出始めてきたのか、「近年多くハ土蔵造りニ付、取払大造ニ有之、可致難儀候間、連々普請修復等之節、急度取払、其度々月番年寄え可相届事」と、土蔵造のため即刻の撤去は困難なこと、庇の出よりも土蔵造であることをあえて述べているなど、庇に対する防火対策の（特に防火材料の）優先を読みとることができる。防火対策のために土蔵造りに建て替える際のどさくさにまぎれて、往還へ張り出した町家が多く見られたこともうかがえる。

そこで幕府は明和四年（一七六七）および明和九年（一七七二）と二度にわたって、類焼後に普請を行う際には、往来の方へ建て出さないように指導をしていると共に、実際に文化三年（一八〇六）の芝車町の出火によって類焼した町々に対して、明和に出令した触を守り、庇など差し出さないように注意しているなど、類焼後に庇規制を徹底させている。

以上のような、江戸における防火面との関連を示した庇規制は、天保の改革期においてもみられる。天保十三年（一八四二）の触には、本来なら土蔵造塗屋家等にすべきところを、こけら葺など非防火的なものにする最近の家作傾向について、これを戒めることを述べたあとに、往還への建築物の張りだし、つまり庇の出を戒めている。

このように江戸の庇規制は、庇下が公儀地たることを、明確に示すことを目的とした規制であったことが見ることができる。

二　大坂における庇、庇下規制

大坂における庇規制においては白木小三郎氏の研究があるが、江戸との比較については触れられていないため、ここで考察したい(3)。

大坂において最も多いのは庇下に商品を置いたり、庇下を建築物内部に取り込んでしまうなど、本来公道である軒下の私有化に対する触が挙げられる（表2）。

大坂では、庇に関する触はすでに慶安二年（一六四八）に出されている。

一町之中大道江両（側）よりおたれを出し、道せまく仕候事

このように慶安期にはすでに、表通りへ庇を張り出し、所有範囲の拡大を計ろうとする町家が多く見られたことを示す。

続く寛文元年（一六六一）十一月二十一日には

一大道江家を建出候儀可為曲事

一家のおたれに壁を付、本宅へ仕込申間敷事

と慶安二年の段階では、まだ庇を表通りに張り出すことによって、所有範囲の拡大を行っていたものが多かったものが、さらにおだれの軒先に壁を建てることによって表通り、つまり公道を囲い込み、内部空間を作り上げるといった行為が目立つようになっていたことを示している。

そして貞享三年（一六八六）には、ことさらに街並みを主目的とした触が出されている。

一同おたれの儀

右同前ニ出入有之間、是又屋根葺直シ候刻、出過候分ハ軒口町並ニ揃候様可仕事

とおだれについて、出過ぎている町家に対して、他の町家と同じように揃えることを求めている。

続く元禄十年（一六九七）には、具体的な寸法による規定が設けられる。

一格子之下おたれ下に壁を付、又は竹垣板かこいなどニいたし、屋敷之内江仕込申間敷事

附、格子幅ハ間中三軒、おたれ幅ハ通り筋四尺八寸、横町ハ四尺五寸之定ニ候事

表２　大坂の庇下規制

発令年	出典	触の内容
慶安２ (1649)	御触及口達	一町中大道江両(側脱ヵ)よりおたれを出し、道せまく仕候事、 (中略) 一町之内空屋敷に家を不建候者、屋敷を取上、家造候者ニとらせ可申候、ならびに崩家同前事、 右之通可相触者也、 五卯月二日
寛文元 (1661)	御触及口達	一大道江家を建出候儀可為曲事、 一家を建候地形築候事、自今以後町之並を見合、脇々之不及難儀様ニ可仕候、只今迄建置候家ハ可為其分事、 一材木町ハ不及申、其外大道をせはめ(候脱ヵ)商人有之町は、馬乗物自由ニ行違候様ニ、道をあけ置可申候、川面は舟のかよひ自由ニ成候様ニ可仕事、 一濱側の納屋ニ壁を(付脱ヵ)申間敷候、勿論竃を居、住宅可為曲事、 一家のおたれに壁を付、本宅へ仕込申間敷事、 右之通従先規法度申付候得共、彌不致違背候様ニ、念入町中可相触者也、
貞享３ (1686)	御触及口達	一町中家作之儀、町により出入有之而家並不宜候間、自今以後作事仕候節、出過候家は引込之、入過候家は其品を申来吟味請、其町々にて家並揃候様ニ可仕事、 一同おたれの儀、右同前ニ出入有之間、是又屋根葺直シ候刻、出過候分ハ軒口町並ニ揃候様可仕事、 右之通三郷中江申付候、尤町ニより唯今迄出過有之家を本にいたし、惣家並を直させ可然町も可有之候、又引込有之家を本にいたし可然町も可有之候間、連々被吟味可被申聞候、且又町家焼失之刻、焼跡江地方役人罷出、町並之家より出過候分ハ、縦水帳ニ間数相違雖有之引込メ、又引込候分は為出之、兎角屋作其町並ニ揃候様に可申付候間、其心得を以被致吟味、委細を其時々絵図にしるし、此方へ可被相窺候、以上
元禄10 (1697)	御触及口達	一家並に出入在之家、ならびに地形築上候普請之儀は断来、差図を請作事可仕事、 一格子之下おたれ下に壁を付、又は竹垣板かこい抔ニいたし、屋敷之内江仕込申間敷事、 附、格干幅ハ間中三軒、おたれ幅ハ通り筋四尺八寸、横町ハ四尺五寸之定ニ候事、 一有来候本家ならびに借屋をつふし、桁行長キ土蔵又ハ置物なとを建、壁をぬり切候普請は断来へし、吟味之上可申付事、
		一前々より度々被相触候趣を以、町並雁木在之屋作ならびに地形築上候普請之儀は、断来可受差図旨、最前申渡候所、障無之地上之普請をも申来候段、心得違と相聞候間、常体之地形を築又ハ致普請候儀ハ、年寄町人遂吟味、隣町隣家之搆ひニ不成分ハ不及窺来事、 一有来本家ならびに借屋をつふし、土蔵物置なとを建、かへをぬり切候普請ハ、可断来旨申渡候へ共、町内も相障儀於無之ハ、断来ニ不及候條、年寄丁人申談可致普請候、尤申分有之ハ可伺来、吟味之上可申付事、 右之趣三郷町中重而可触知者也、
享保16 (1731)	御触及口達	町中家作之事、 (中略) 町中家作之儀、軒下ニ柱を建、又ハ壁を附ケ、竹囲等いたし候義無之筈之所、近来猥に相成、右之類有之由相聞へ候、彌右之類無之様ニ可仕候、於有之ハ連々ニ取払可申候、尤此以後普請致候ものとも右之通相心得、猥之義無之様ニ可申渡候、以上

元文 3 (1738)	御触及口達	一町中家作之儀御定法を以被仰付置候處、近来猥ニ相成、家造之節、大道ニ不構、家下之地上ケ致候故、片側ひくく、片側ハ高く相成候所々相見候、且又軒下ニ柱を建、壁を付ケ、駒寄竹囲等致候所相見候而、町並見苦敷候、軒下之儀も右之類仕間敷之由、兼而被仰付、先年も御制禁被成候所、心得違、右之類多候間、向後御定法之通相心得、是迄有来り之分ハ急ニ取払直シ候ニ不及、連々ニ直シ置候様ニ可仕候、 但、大道等直し候共、前々之通一分ニ仕間敷、尤可訴出事ニ候 一十五年以前町中大火迄ハ、丁境木戸悉ク有之候所、大火以後年久敷木戸不致差置候丁々、木戸可仕候、 一丁中魚青物商売之者、庇より外筵抔にて日覆致候儀、凡相応之致方可有候、両側一ツに続キ候様仕、一向往来難成候趣、向後ハ差構ニ不成様可仕旨、右商売之者共へ可申渡候
宝暦12 (1762)	御触及口達	同日　町中軒下商売物大道江取広ケ、妨致間敷事、 一町中軒下之義ハ、兼々心得通り之事ニ候所、近頃猥ニ相成、魚屋八百屋抔軒下ニ者石垣を拵候之類、又ハ荷物薪常置ニいたし候も不斗事ニ候へハ、日頃尚々丁々心を附居候而、随分猥ニ相成不申候様可致候段、被仰聞候事、 一於丁々大道ニ干物之義、或ハ俵物荷物之類、軒下とても憚候筈ニ候所、軒下大道ニ出シ、通行之妨ニ相成候様ニいたし、其儘差置、人なとも付置不申、武家方御通行之節は、取除儀とても増而無之、不沙汰之至ニ思召され候、日覆抔も願出候所ハ格別、其餘ハ我儘ニ不相成事ニ候、軒下とても、昼夜之分チなく、荷物差置候儀、亦ハ軒先大道へ店出はりをいたし候商人、夜ニ入取除候とても、猥ニいたし置候躰、間々相見へ候間、是等之儀於町々心得を以申付候様、被仰聞候事、
寛政 8 (1796)	御触及口達	十一月廿四日　大道軒下を我儘ニ仕候儀、前々より停止之處、近来等閑ニ相成居候間、町々取調之上、以書面可被申出事、 （中略） 一大道ニ家ヲ建出し候事、 一大道堀込柱を建、板覆又ハ日覆付おたれの事、 一軒下石垣しつくひにて築上げ、置居之水はしりいたし、又ハ大道迄築出し、商売物差置候事、 一軒先竹垣囲、又ハ壁を付囲ひ、屋敷之内へ仕込候儀、ならびに雪隠等致し候事、 一軒先大道江植木うへ候儀有間敷事、 一大道江棹を渡し、干物等仕間敷事、 一軒下駒寄堀込ニ仕間敷候事、 一町中辻行燈台埋候事、 右之通軒下大道を我儘ニ仕候儀は、前々より停止被仰付置候處、近頃等閑ニ相心得、右等之建方数ヶ所相見へ候間、右等之仕方有之処ハ、其町々より書面ヲ以可被申出候、此方共罷越致見分候上、難捨置取払はせ候分ハ、可致差図候間、先町内ニ而混雑不致候様被相調、書面を以可被申出候、以上、
文化元 (1804)	御触及口達	町中軒下ニ而商売之荷物取扱、其儘に差置、其上大道迄も取広ヶ候儀者、如何之事ニ候、併外ニ取扱候場所も無之、軒下大道を遣ひ候とも、往来之妨ニ不相成様可致筈之處、無其儘、軒下大道を遣ひ候とも、往来之妨ニ不相成様可致筈之處、軒下大道を自分気儘ニいたし候儀者、不埒之事ニ候、前々より軒下ニ取はつしの駒除等いたし候儀者、御役所へ可断出事ニ候處、近頃の至り不相断もの有之哉ニ候間、是又可断出候、且大道へ売りもの見せ出し、或軒先よりむしろ渋紙様のものを張出し候而、往来を妨ケ町々も相見候間右躰無之様心を用ひ、尤売物仕廻候ハヽ、見世床抔取除置候可致事、 一近来大道片側斗地上いたし候町々も有之故大道ニ高低出来、如何之事に候間、以来右躰不陸之儀無之様可致事、

文化13 (1816)	御触及口達	一町々において軒先付店格別出張、又ハ二重店(庇)等も有之、大道幅狭く相成、出火之節火移り安く、火廣ニ相成候義ハ勿論、雨中非常等之節、往来差支ニ可相成被召出、右等遠慮いたし義ハ兼而相心得可罷在處、心得違、等閑ニいたし候もの無之様可致旨、被仰出候、 右被仰出之趣、丁々年寄等承知之上、末々迄不洩様入念可被相触候、以上
文政2 (1819)	御触及口達	三月七日　丸太を以軒下へ打付候駒除、ならびに溝石より大道へ出張有之軒板等、早々取払可申事、 右之遇、十六年已前子年八月四年已前壬八月両度相達置候所、駒除ニ大道へ丸太を以軒下へ取付ヶ、はつし不相成様相見へ、ならびに軒板ニ而店を囲ヒ、溝石より大道へ出張有之、二重庇之儀、致遠慮候儀も無之様子見受候付、非常之節差支候間、早々取払候様可致候
		公事訴訟人近来行儀相乱、不作法之儀共有之哉ニ相見へ、以之外之儀ニ候、以後御公事場者勿論、都者(而)御役所ニ而不作法失敬之儀無之様、町内より得与申聞置候様可被致候、右ハ頃日御公事場江罷出候町人之内、失敬之者有之、此方共江御沙汰も有之義ニ付、前書之趣可被得其意候 （中略） 一町家軒先付庇二重庇之儀、于今閑之向茂相見江候之間、当三月相達置候通相心得、改させ候練可被致事、
天保4 (1833)	町内申合式目帳	一表借屋附又は附店之出張不相成、且又軒下溝石外江積出し物一切相成不申、ならびに軒先家根等ニ物干植木等置申間鋪候事、
天保7 (1836)	御触及口達	同日　普請中致板囲候儀、往来之差障ニ付不相成様、為致可被申事、 普請中板囲いたし候儀、近来大道江出張候も有之、往来之妨之相成候、殊町幅狭キ所、又ハ両側ニ囲いたし候場所、夜中雨天等ニハ猶更往来難儀ニおよび、別而非常之節之差支ニも相成候間、其旨兼而心得置、板囲願済之節、普請主江申聞、往来差障不相成様致させ可被申事、
天保13 (1842)	御触及口達	（前略） 猶又町家新規家作ならびに修繕等、身分相応ニいたし候儀、決而不苦候事 （中略） 一此節町家新規家作、ならびに屋根廻り破損所修復等迄も、斟酌いたし候者も有之哉ニ相聞候、左候而ハおのつから金銀融合ニ拘、別而其筋働之者、見過も無之、致難儀筋ニ候、畢竟身分不相応花美ニ取補理候義ハ、無用之事ニ候得共、修復ハ勿論新規之家作ニ候とも、銘々身分相応取補理候儀ハ不苦候間、少しも不及遠慮、普請ならびに修復等勝手次第可致候、 右之通三郷町中不洩様可申聞置候事、
		一町々家作之儀ニ付而ハ、先前申渡置、猶又文政二卯年三月触渡候趣相守可申処、致忘却候向も有之哉、近年致駒除候儀、御役所江断出候者も無之、元来建家蹴放より外ハ大道幅之内ニ候処、溝際迄も建家地と心得違居候哉、自儘ニ溝際迄建出し、又ハ丸太竹垣等を軒下江取付囲込、大造之駒除いたし、一己ニ溝幅を堀広、或ハ軒先より昼夜ニ不限、筵渋紙様之もの張出し、大造之致日覆、ならびに格別出張候格子、同軒先附庇二重庇等も有之、大道幅狭ニ相成、出火之節火移易く、火廣ニ相成候ハ勿論、平日迚も往来妨ニ相成、殊急雨之節往来人浚方ニも差支、不実意之至不埒之事ニ候間、都而水帳面之通可相改候、尤向後自儘之取斗不致、駒除等取補理候ハヽ可断出候
		（前略） 一町人家作之儀、なけし・杉戸・附書院・くしがた彫物・組物・床ふち・さん・かまち塗候事、ならびに唐紙金銀等之張付は不及申、惣而結構成儀、且又無益之物数寄成普請、堅無用ニ可致旨、先前申渡置候趣相守、不相当之家作有之ハ、追々ニ可相改候

（出典）『大阪市史』
（参照）白木小三郎「大坂の家作に対する「御触」と「口達」」（『大阪の歴史』17号、1986年）。

これは、軒下における内部空間化の具体的な方法として、おだれの囲い込みの他に、格子の下に壁をつけ、格子ごと内部空間とする方法が用いられたことを示す。これに対して白木氏は「格子のおだれの下に壁を付けたり……」とされているが、その文面からはむしろ「格子之下およびおだれの下」との解釈の方が妥当であると思われる。(4) このように、おだれおよび格子に具体的な寸法による規制を加えると共に

　向後普請已前急度可申来、相背者於有之は、普請之場所をつふし、普請主ハ不及申、町之年寄越度可
　申付條、此旨三郷中可触知候

と前述の寸法規制をはじめとする触を守らなければ、町年寄にまで責任を求める、といった強い態度で規制を強化している。

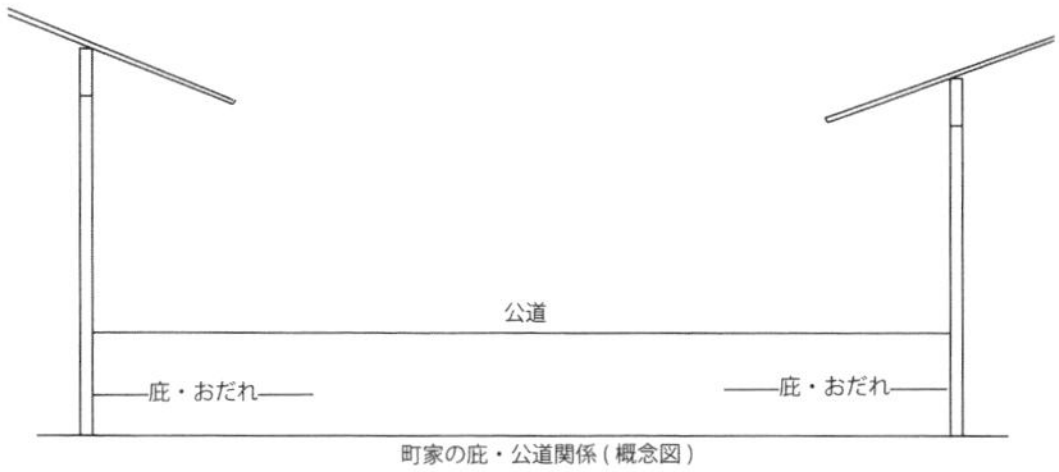

図１　近世期の街路概念図

以上、十七世紀において頻繁に出令される規制は、続く十八世紀に入っても一向に変わることなく触れ出されている。享保十六年（一七三一）には

　町中家作之儀、軒下ニ柱を建、又ハ壁を附ケ、竹囲等ゐたし候義無之筈之
　所、近来猥に相成、右之類有之由相聞へ候、彌右之類無之様ニ可仕候、於有
　之ハ連々ニ取払可申候、尤此以後普請致候ものとも右之通相心得、猥之義無
　之様ニ可申渡候

と、軒下に柱を建て、壁をつけて竹囲を行う者に対して注意すると共に、たとえ違反した建築物がすでに建っていても取り払うように、と元禄十年に続いて厳しい指導を行っている。

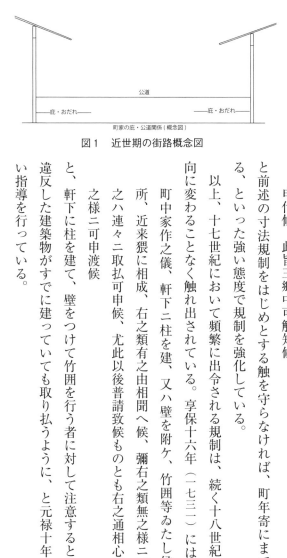

元文三年（一七三八）には、格子の他に軒下における空間確保の具体的な方法として、駒寄を多く用いてきているなど、庇下の私物化に歯止めがかからなかったどころか、さらにひどい状態となっている。このような、おだれに対する規制を強化しているにもかかわらず、一向に庇下の私物化はあとをたたなかったのか、さらに規制は厳しいものとなり、寛政八年（一七九六）には

大道軒下を我儘ニ仕候義、前々より停止之處、近来等閑ニ相成居候間、町々取調之上、以書面可被申出事

（中略）

一大道ニ家ヲ建出し候事
一大道堀込柱を建、板覆又ハ日覆付おたれの事
一軒下石垣しつくひにて築上げ、置居之水はしりいたし、又ハ大道迄築出し、商売物差置候事
一軒先竹垣囲、又ハ壁を付囲ひ、屋敷内へ仕込候儀、并雪隠等致し候事
一軒先大道江植木うへ候儀有間敷事
一大道江棹を渡し、干物等仕間敷事
一軒下駒寄堀込ニ仕間敷候事

（中略）

右等之建方数ヶ所相見候間、右等之仕方有之処ハ、其町々より書面ヲ以可被申出候、此方共罷越致見分候上、難捨置取払はせ候分ハ、可致差図候間、先町内ニ而混雑不致候様被相調、書面を以被申出候

と、奉行所が見分によって捨て置き難いものについては、取り払うよう指図するまで規制を強化している。

しかしこうした規制は、近世を通じて、いかにこの規制が守られていなかったかを示すものとなり、ほぼ半世紀たった天保十三年（一八四二）にも庇・庇下規制は守られるどころか、

……近年致駒除候儀、御役所江断出候者も無之、元来建家蹴放より外ハ大道幅之内ニ候処、溝際迄も建家地と心得違居候哉、……一己ニ溝幅を堀広、或ハ軒先より昼夜ニ不限、莚渋紙様之もの張出し、大造之致日覆、并格別出張候格子、同軒先附庇、二重庇等も有之、大道幅狭ニ相成……

に見られるよう、相次ぐ規制にもかかわらず、ほとんど効果なく表通りへ張り出し続けられていたことがわかる。

以上、商人達はこれに乗じて所有地の拡大、ならびに内部空間の拡大のために、表通りへの庇の張り出しや庇の取り込みなどに代表される、軒下の私物化が近世を通じて行なわれていたことが確認できると共に、大坂町奉行が庇規制を出令するその主たる目的の一つに、庇下が公儀地であることを明確にすることにあったといえる。

三　庇下の規制――出格子に関する規制

以上、町並みを形成するファサード要素の一つである庇・庇下空間に対して出された規制について述べ

た。このうち、特に大坂において庇・庇下空間に対して規制が設けられる理由の一つに、庇下空間の私物化にあること、またこのような庇下空間の私物化は、街並みに大きな影響を与えることを述べた。

ここでは、このような視点から考え得る正面ファサード構成要素の一つである出格子について大名領である岡山藩などで触れ出された幾つかの例について述べ、規制の地域的な差について考察を加える。

1 格子の形態

格子は、近世町家のファサードを構成する上で重要な意匠の一つである。その重要性は地域により、また構造・形態によって、さまざまな名称があることからも明らかである。また京都の冷泉町では格子を設けると、その幅に応じた町役を納めなければならないなど、揚げ店や蔀に比べ特異な存在であったといえる。

一格子之儀ハ幅一間迄ハ、金百疋　一間余より金弐疋
余ハ右ニ准可申事
（『史料京都の歴史九』[5]）

ここで改めて格子について整理してみよう。格子は、窓から細かく拵えた木や竹を組んだり打ち付けたりしたものをいい、視覚的には内部から外をよく見通せ、外側からは内部を見通しにくくする特性を持つと共に、日射や風量の調整にも大きな役割をもっている。格子は古く奈良時代にまでさかのぼるといわれ、その形態は、素性のよい丸太をよりすぐって打ち並べたり、竹を打付けたような自然材を用いたものとされているが、発生の詳細は不明である。

格子が町家のファサードにおいて大きな発展をみせるのは、近世に入ってからである。洛中洛外図の舟木本（十七世紀初期）に描かれた、太い連子窓の間に割り竹を組み込んだ千本格子はこれを物語っている。その初期の段階では、柱と格子台と呼ばれる下框にほぞ差として固定したものであり、側柱の見込幅に納められた平格子であったが、後に格子の内部に障子を建て込んだものもあらわれた。さらに格子柱を用いたり、持ち送るなどして格子を側面より外側に出す出格子があらわれるなど、以降近世を通じてさまざまな発展をみせ、数多くの格子がみられるようになる。

これらの発展の過程において格子は、地域、あるいは職業などによって名称をかえる。しかし形態的には、以下の四つの要素からその特徴をとらえることが可能である。

(A)格子の竪桟の形態、または竪桟と竪桟との間隔（親子、切子、粗格子など）
(B)格子の入る位置（例えば土台から桁まで入る、あるいは内法いっぱいに入る、または腰高から上に入ることなど）
(C)格子がはめ殺しになっているか、はめ込み式か
(D)側柱面の見込幅に納められているか、側柱より前面にでているか（平格子か出格子か）

この四つの特徴個々、あるいはいくつかのの組み合わせによって近世の格子はその形態を明らかにできる。例えば(A)(C)から親子付切子格子を、米屋格子・酒屋格子なども同じく(A)(C)からその形態をのべることができる。

このように格子は、四つの特徴からその形態を明らかにすることができるが、出格子については、さらに大きくわけて四つのタイプに分類できる。

まず側柱の前方に格子柱を用いるものと用いないものに大別できる。このうち格子柱を用いるものを一般に柱建と呼ぶ。柱建はさらに格子柱が上部の庇まで達するタイプと、格子柱を用いて格子を出すのが上部の庇まで格子柱の達しないものに分類できる。一方、格子を前方へ出すために格子柱を用いないもののなかで、持送とするものを、持送、傍が板になっているものを、妻板建、と呼ぶ。

2 大坂にみる出格子規制

議論を大坂に戻す。先にも述べたように、大坂では庇下空間に対する触が、多く出令されている。これは庇下空間の私物化を行う居住者と、これを阻止しようとする町奉行の姿勢がその文面から読みとれた。このことから大坂においては、さまざまなものが街路にはみ出していたことを窺うことができるが、格子そのものも例外ではない。例えば大坂町奉行所は元禄十年（一六九七）二月朔日に

一格子之下おたれ下に壁を付、又ハ竹垣板かこひ抔ニいたし、屋敷之内江仕込不申敷事

附、格子幅ハ間中三軒、おたれ幅ハ通り筋四尺八寸、横町ハ四尺五寸之定ニ候事

と出格子が前面に張り出してくることや格子の使用自体にも制限を加えている。「格子幅ハ間中三軒」とは、おそらく側柱と格子柱との幅、つまり格子の出を半間とするか、またはそれ以内とし、また一階正面ファサードに用いる格子の正面幅合計を三間または、それ以内に規定したと解釈できる。もしこのような解釈が可能であれば、この規制は当時の町家において、出格子の下に壁をつけ、いつのまにか内部空間にしてしまった例が後を絶たなかったことに対応する規制であったといえる。

ところで規定された寸法のうち、出格子の形態が格子柱を用いないものなら、寸法に対する解釈に関してさほどの問題にはならないが、格子柱を用いる形態であれば、寸法基準によって格子の出に大きな差が生まれる。例えば側柱の寸法を四寸角、格子柱の寸法を三寸角とする。すると格子の出を、側柱と格子柱の心々寸法とすれば側柱面からの出は三尺二寸となる。一方側柱と格子柱とを内法寸法とした場合、同じく側柱面からの出は三尺五寸五分となる。このどちらの寸法を町奉行がもとめたのかは不明である。しかし町方にとっては、少しでも出格子を内部空間化するのに多くのスペース確保が可能な、側柱と格子柱の内法寸法とした可能性が高い。

いずれにしても、大坂における出格子は、規制の上ではその出が半間であるが、町衆は一向に懲りることなく、格子は張り出し続ける。天保の改革時も、そうした姿勢は変わらず、町家の格子は出っ張り続けていた。

（前略）

猶又町家新規家作ならびに修繕等、身分相応ニいたし候儀、決而不苦候事

（中略）

一此節町家新規家作、ならびに屋根廻り破損所修復等迄も、斟酌いたし候者も有之哉ニ相聞候、左候而ハおのつから金銀融通合ニ拘、別而其筋働之者、見過も無之、致難儀筋ニ候、畢竟身分不相応花美ニ取補理候義ハ、無用之事ニ候得共、修復ハ勿論新規之家作ニ候とも、銘々身分相応取補理候儀ハ不苦候間、少しも不及遠慮、普請ならびに修復等勝手次第可致候、

右之通三郷町中不洩様可申聞置候事、

一町々家作之儀ニ付而ハ、先前申渡置、猶又文政二卯年三月触渡候趣相守可申処、致忘却候向も有之哉、近年致駒除候儀、御役所江断出候者も無之、元来建家蹴放より外ハ大道幅之内ニ候処、溝際迄も建家地と心得違居候哉、自儘ニ溝際迄建出し、又ハ丸太竹垣等を軒下江取付囲込、大造之駒除いたし、一己ニ溝幅を堀広、或ハ軒先より昼夜ニ不限、筵渋紙様之もの張出し、大造之致日覆、ならびに格別出張候格子、同軒先附庇二重庇等も有之、大道幅狭ニ相成、出火之節火移易く、火廣ニ相成候ハ勿論、平日迚も往来妨ニ相成、殊急雨之節往来人浚方ニも差支、不実意之至不埒之事ニ候間、都而水帳面之通可相改候、尤向後自儘之取斗不致、駒除等取補理候ハヽ、可断出候

一町人家作之儀、なけし・杉戸・附書院・くしがた彫物・組物・床ふち・さん・かまち塗候事、ならびに唐紙金銀等之張付は不及申、惣而結構成儀、且又無益之物数寄成普請、堅無用ニ可致旨、先前申渡置候趣相守、不相当之家作有之ハ、追々ニ可相改候

3　岡山藩にみる出格子規制

1岡山藩の概要

ここで、近年確認された岡山藩の格子規制について若干触れたい。関ヶ原の戦いの後、備前・美作両国および備中の一部を加えて四七万二〇〇〇石の大名として確立したのが小早川秀秋であるが、在封二年で

卒し断絶となった。

小早川にかわって慶長九年（一六〇四）に備前一国二八万石を領有したのは、姫路藩輝政の次男忠継であったが、幼少を理由に兄利隆が岡山に在城する。以後池田氏が岡山藩を所領するが、さまざまな国替が行われた。そして寛永九年（一六三二）池田利隆の子である池田光政が岡山城に入城し、ここに岡山藩は後に池田時代とよばれる、以降の近世を支配する具体的な藩政が展開される。

岡山藩政は、光政・綱政父子の代、寛文・延宝より元禄期にかけて確立された。藩の行政その他を定めた藩法の充実もこのころに確立されると共に、行政・司法面において膨大な数の記録を残していることからも藩の規制が詳細にわたっていたことを窺うことができる。

一方、町方の支配形態については、城下において六二町からなる町人屋敷を上組・中組・下組とに分け、それぞれの組に一人宛の惣年寄を設けた。惣年寄は、いわば町方の筆頭役人であり、大坂の惣年寄とほぼ同じ役職をもつ。また役務も大坂や江戸と同じく、町奉行と町人との間に立つと共に、触の伝達・土地の地割・町人の諸願に関わる事項の調査・調停など、複雑多様なものであった。このような惣年寄を補佐したのが、名主・年寄であり、江戸でいう名主、大坂でいう町年寄に相当する。その役務は触の伝達などの上意下達、さらには下意上達という町人側の意向を町奉行に反映するなど、二面的役割を果たした。これらから岡山藩の、触の伝達を含めた一般的な町方の支配形態は、町奉行―惣年寄―名主―年寄という形態をとっていたといえる(6)。

2 岡山藩の出格子規制

『岡山市史』（大正九年）には、触れ出された年代は明記されていないものの、岡山藩によって出令されたと考えられる出格子の寸法規制が記載されている。しかし、その出は大坂と全く異なっている。[7]

一、表通りで格子願之事
本願出格子外へ六寸之外不相成雨落より内に可仕候事

と、格子の出を、わずか六寸しか許していない。これに基づけば、岡山藩では、年代が明確ではないものの、出格子の出を六寸に制限していたことがわかる。さらにこれらの出格子規制を裏付ける記録が『岡山市史』に収録されている「国富家文書」にみられる。

3「国富家文書」にみる出格子作事願

「国富家文書」[8]は国富家が町方の惣年寄の役務を記録した町方文書である。この「国富家文書」のうち、「諸願留」は、各町方の家屋敷の売買改築・家督相続・結婚・養子縁組などの願いを町名主が願書として惣年寄に差し出し、さらに町奉行に差し出した後、その決裁事項を町名主に伝えた記録である。この「諸願留」中に建築物の普請に関する諸願いと、その決裁が記録されており、具体的には建物の破損が激しいので修復したい、または大破のため同規模のものを新築したい、といった願いが記録されている。

このうち出格子に関する作事願いは一三件あり、現状が戸口から数間左右にある蔀戸を、出格子に改めたい旨を申し出ている（表3）。

表3　岡山藩国富家文書の内訳

文書名	年月日	所在地と所有者	現　状	変更箇所の現状	希望する変更事項	許可の有無
諸願留一	嘉永七年 9/21	児島町中島屋和介後家宅	表口弐間御座候内	戸口より西手横五尺、蔀帳釣ニ而御座候所	此度外し取、跡へ横五尺、高サ四尺、外へ六寸之出格子ヲ付、諸道具置場ニ仕度願	聞届候
諸願留一	嘉永八年 11/26	森下町年寄平井屋千十郎義、同町通り筋北側ニ而所持仕候居宅	表口二間五尺五寸御座候家屋敷之内	戸口より西手壱間半之処、蔀帳釣揚■拵附申候処	此度取払、跡へ横壱間半、立壱尺、外へ六寸之出格子ヲ付、兼雑穀物売買仕候ニ付、諸道具置場ニ仕申度、尤雨落より内ニ而御座候願	聞届候
諸願留一	安政二年 3/2	常磐町木屋伊三次、同町御堀端西側ニ而所持仕候居宅	表口弐間五尺壱寸五歩御座候	表通戸口より南手弐間之処、蔀帳釣揚■拵付居申候ヲ	此度外シ取、跡へ横弐間、竪六尺、外へ六寸之出格子を付、兼而研職仕候ニ付、右職場ニ仕申度願	聞届候
諸願留一	安政二年 5/2	桜町近江屋音次郎居宅	表弐間三尺三寸御座候内	戸口より北之方横壱間指戸ニ而御座候処	此度外シ取、跡へ横壱間、高サ五尺、外へ六寸之出格子ヲ付、諸道具置場ニ仕度、尤兼而生魚商ヒ仕申候願	聞届候
諸願留一	安政二年 5/2	同町（＊桜町）茶屋つね居宅	表壱間五尺三寸御座候内	南方横壱間蔀帳釣御座候処	此度外シ取、跡へ横壱間、高サ五尺、外へ六寸之出格子ヲ付、諸道具置場ニ仕度、尤兼而仕	聞届候
諸願留一	安政二年 10/21	中出石町深野吉右衛門所持仕候居宅	同町土手筋東側ニ而表口弐間四尺八寸御座候	北手之方横壱間半之蔀帳釣御座候ヲ外シ取	跡へ六寸之出格子ヲ付、諸道具置場ニ仕度願	聞届候
諸願留一	安政二年 12/12	難波広面屋庄次郎後家所持仕候居宅	同町南西横町北側ニ而表口弐間御座候	東手之方ニ横壱間之蔀帳釣御座候ヲ外シ取	跡へ横壱間、高サ間半、外へ六寸之出格子ヲ付、諸道具置場ニ仕度願	聞届候
諸願留二	安政三年 3/8	上之町島屋佐一郎、兼而煙草商ひ仕申候処	居宅北横町北側ニ而表四間壱尺御座候内	西之方弐間蔀帳釣ニ而御座候処	此度外ニ取、其儘高サ五尺七寸、外へ六寸之出格子ヲ附、諸道具置場ニ仕度願	聞届候
諸願留三	安政四年 4/17	同町（＊西大寺町）奥島久次郎宅		表口三間御座候戸口より、北手ニ壱間半之蔀帳釣御座候ヲ外し取	跡へ横壱間半、竪六尺、外へ六寸之出格子ヲ附、諸道具置場に仕度、尤久次郎義質屋職仕居申度願	聞届候
諸願留四	安政四年 9/2	上之町佐伯真吉居宅通り筋東側、北東横町角屋敷ニ而	表口三間半、裏江三間五寸御座候内	北横手ニ竪三尺横壱間之窓御座候処	此度外へ取、跡へ横壱間、高サ五尺七寸、外へ六寸之出格子ヲ附申度願	聞届候
諸願留四	安政四年 11/2	山崎町中屋与八郎居宅通筋東側ニ而	表六間御座候処	出口より南手江壱間半之平格子御座候ヲ	此度外し取、跡へ高サ壱間、横壱間半、外へ六寸之出格子ヲ付、尤兼而醤油油売体仕居申候に付、諸道具置場ニ仕度願	聞届候
諸願留四	安政五年 1/26	桶屋町屋根六左衛門、同町通り筋西側ニ而	表口三間半御座候内	出口より北手江壱間之蔀帳釣御座候ヲ外シ取	跡へ高サ壱間、横壱間、外へ六寸之出格子ヲ附、兼而桶ならびに樽師ニ而御座候ニ付、諸道具置場ニ仕度願	聞届候
諸願留五	安政六年 6/26	上之夏樽屋平兵衛居宅	通筋西側ニ而表五間三尺御座候内	北方壱間半、蔀帳釣ニ而御座候処	此度外シ取、跡江其儘高サ五尺七寸、外江六寸之出格子ヲ附、諸道具置場ニ仕度願	聞届候

一方、具体的に町方が出格子を設ける理由をみていくと、ほとんどの場合が出格子によって新たに設けられるスペースを諸道具置き場にしたい旨を述べている。この場合もし格子の形態が格子柱を用いない妻板建て、あるいは持送建てであれば、諸道具を置くほどのスペース確保は難しい。また格子柱を用いる場合でも、諸道具を置くには狭すぎる。これらから「外へ六寸」は側柱と格子柱の内々寸法である可能性が高い。

しかし六寸の出を、このように解釈しても、大坂に比べ著しく出の少ないものであり、出格子に関しても地域によって大きな相違があったことがわかる。

おわりに

以上、本章においてとりあげた法令は、そのほとんどが町奉行から触あるいは口達というかたちで出令されたものである。これらはあくまでも規制を受ける側の違反行為に対し、町奉行や町年寄という目を通し、彼らの法解釈に基づいてこれを注意・指導するものである。また建築規制における触には、大きくわけて二つのタイプがある。一つは、江戸における明暦三年の大火後に打ち出される一連の庇規制などにみられる、規制というよりはむしろ江戸市中における町方の庇の在り方、庇の規定を出令したものである。いま一つは被支配者の、具体的な違反行為に対する指導である。後者においては、被支配者の違反行為が具体的に描かれていると共に、被支配者側の法令に対する解釈も述べられている。

一方、近世は都市が形成された時代であり、この都市が時代と共に拡大を遂げるなかで、経済的にも発達し、社会の需要はさまざまな形で増大していく。また膨張・拡大し続ける需要にこたえるべく、町方は大きく発展していくと共に町家個々においても、初期の計画された空間に対応しきれなくなり規模も拡大してゆく。

この町家個々の規模拡大方法のうち、表通りに面して軒を連ねた都市住宅としての近世町家において、もっとも安易な空間確保の方法が、表通りに面した公共空間の私物化が考えられる。すなわち、大坂では、庇を張り出し、そこに商品を積み出す。さらには庇下空間を室内に取り込めば、空間内部の拡大さえも可能である。

これに対し、江戸ではいち早く庇部分は公儀のものであるとし、無断での使用を禁じた。近世における庇規制の多くは、町人の庇下の私物化による空間の確保と、庇下は公共のものであるとする町奉行の立場、この二つの立場のかけひきのなかで、さまざまな触が出される。この結果、各町家の庇下空間は煩雑なものとなり、庇が連なって形作られる街並みは、統一性、調和性の欠けたものであった。

これに対し、岡山藩の出格子規制は厳しいものがあり、萩藩の建築規制と合わせて考えたとき、藩領国では幕府直轄領に比べ、検地規制が厳しい可能性を指摘できる。

ところで、昨今、大坂や江戸の街並みを復原した模型や実寸模型が見られるが、これらは全て綺麗すぎるといえる。いわば生活感に欠けた「映画のセット」化であり、フィクションなのである。

問題なのは、こうした町並みの「映画のセット」化が実際の歴史的街並みにも用いられている手法であることである。当時の生活感の再現は不可能であるが、現在の生活感をあえて隠さずみせることや、当時の為政者が理想とした街並みではない、平時の状態も再現することが、近世から現代へと続く本当の町並み保存といえるのではないだろうか。どの博物館の模型も含め全てが綺麗すぎ、生活感がない。綺麗にみせることだけが街並み保存ではないと筆者は考えている。(9)

〔注〕

(1) これは一見、一間とることができるので、通町本町通りの商人にとって有利な規制に思われる。しかし本来ならば境界線いっぱいに建築物を建てられるのに対し、自分の敷地を半分ゆずるため本柱は必ず敷地境界線よりも半間セットバックした位置に建つことになり、内部空間としては損をすることになる。このためか、黒津高行氏らの「町触にみる表通りの庇とその実態について—江戸の都市設計に関する研究1—」(『日本建築学会東海支部研究報告書』二二、一九八四年)では「通一丁目では、庇下一間の通り道はすべて公儀地である道路を使って造られていた」としている。

(2) このような特定の職種による特例的な法令は、大坂においても元文三年(一七三八)「一丁中魚青物商売之者、庇より外莚などにて日覆致候儀、凡相応之致方可有候、両側一ツに続キ候様仕、一向往来難成候趣、向後ハ差構ニ不成様可仕旨、右商売之者共へ可申渡候」(『大阪市史』3)にみられる。

(3) なお近世大坂の軒下の私有化と境界線の問題については、伊藤毅「近世大坂における都市の境界領域(1)～(4)」(『日本建築学会　大会学術講演梗概集』一九八二年)ほかに詳しい。また寛文期の大坂の町並みのみだれについては、白木小三郎「大坂の家作に対する「御触」と「口達」」(『大阪の歴史』第一七号)において若干述べられているが、江戸についてはは述べられていない。

（4）前掲注（3）白木論文。
（5）京都市編『史料京都の歴史九』平凡社、一九八五年。
（6）『藩史大辞典』。
（7）岡山市編『岡山市史』一九二〇年。
（8）岡山市市史編纂所編『国富家文書』一九二〇年。
（9）妻木宣嗣・曽我友良・橋本孝成『近世の法令と社会―萩藩の建築規制と武家屋敷―』清文堂出版、二〇一七年。

第七章　島根県大社町鷺浦の街並みと船宿経営

はじめに

本章で考察の対象とする鷺浦は、島根県の北側、日本海に面する小港である。出雲大社の北方約六キロメートルに位置するこの小港は、港内の水深が深く、港口にある柏島が日本海の荒波を防ぐ堤防の役割をしていることもあり、帆船時代は避難港としての役割を担った（章末図9にもロケーションを掲載）。

さて本章は、当時関西大学の藪田貫教授（現兵庫県立博物館館長）をはじめとする調査チームが、鷺浦に保存されている近世~近代の記録の整理と、この記録に基づいて、さまざまな視点から論考を行ったものに関連している。筆者はこうした一連の鷺浦研究に、建築史学的立場から参加、鷺浦の建築と町並みの調査を行う機会を得た。具体的には二〇〇四年九月に杉谷明信氏はじめ鷺浦在住の方々のご協力のもと、三七棟の建築物の実測調査を行うことができた。各建築物の平面図・断面図の実測調査・図面化、建築物の撮影、居住者の聞き取り調査を実施した。

本章はこうして得られた知見に基づいて、鷺浦の街路空間あるいは建築的特質について考察を試みたものである。本来であれば建築史学として伝統的建造物保存地区指定などの際に行われる街並み調査報告書が行なう考察、つまり建築物個々の復原考察と建築年代推定行為は必要不可欠である。しかし鷺浦については京都工芸繊維大学の日向進氏らによって、島根県内の民家・街並み調査に関連した先行調査が行われていること、また今後こうした調査に基づいた調査研究が日向氏らによって行われることが予想されるため、本章ではそれらの調査研究との混乱を避けるため、推定復原などの具体的な考察は行わず、主に鷺浦の現状について、①街路空間構成における特質、および②現状の建築物からみられる地域的特質、③近世期の鷺浦における船宿経営と建築、以上について若干の考察を試み、復原考察を含めた総合的な街並み考察については今後の課題とすることを予め断っておきたい。

一　鷺浦の地理・歴史

先述のように鷺浦は島根県の北方、日本海に面する小さな港である。出雲大社の北方約六キロメートルの地点に位置する小港で、港口に柏島という小さな島がある。港内の水深が深く、柏島が日本海の荒波を防ぐ防波堤の役目をしているため、帆船時代の避難港としてふさわしい地形をしており、江戸時代では毎年多くの廻船（北前船）が避難（風待ち）のため入港し、かなり大型の廻船も碇泊可能だったという。

近世期の鷺浦については柚木學氏の論考に詳しい。近世期は松江藩の領国であり、産業は漁業に加え桐

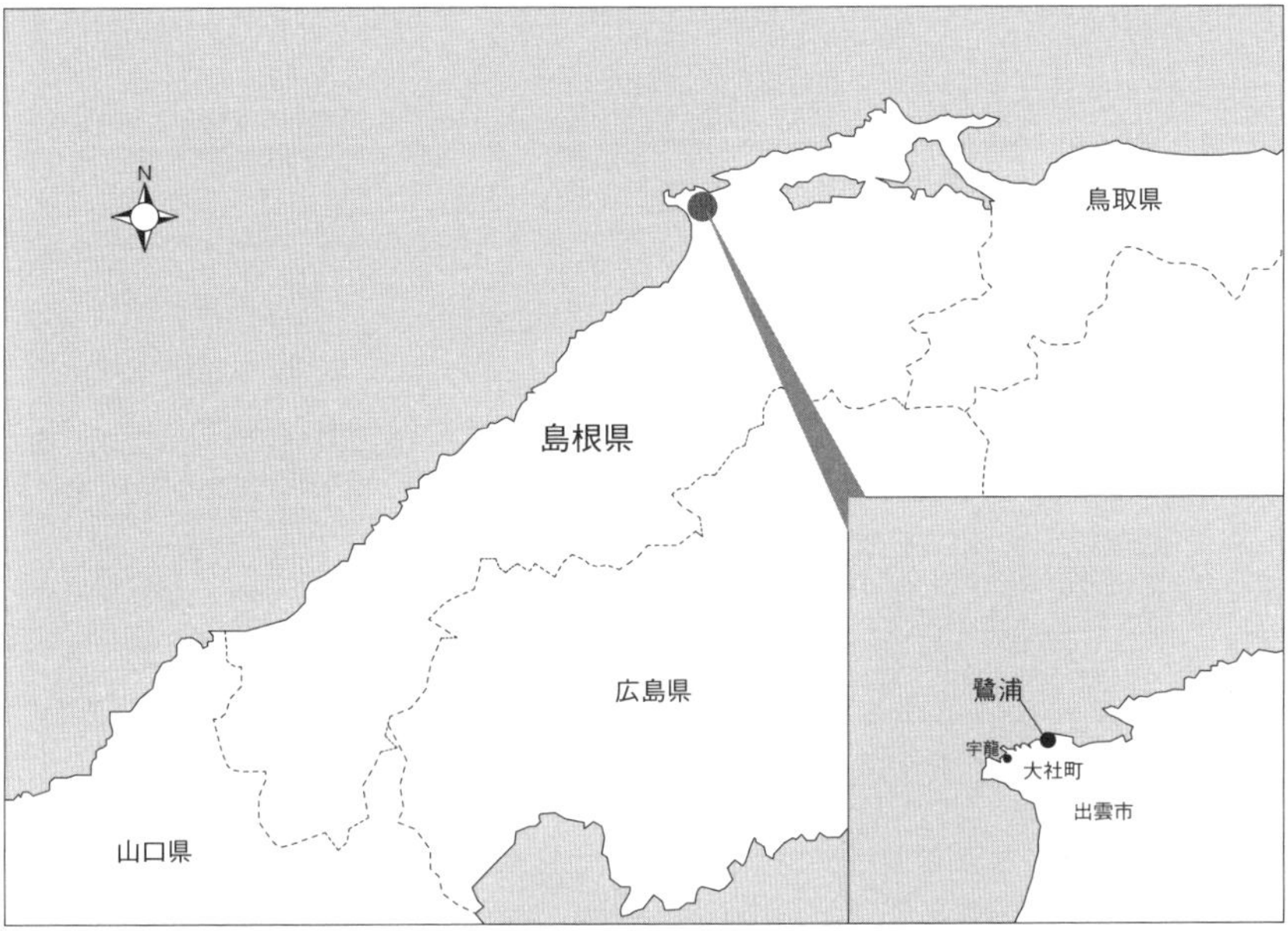

図１　鷺浦の位置

写真１　現在の鷺浦

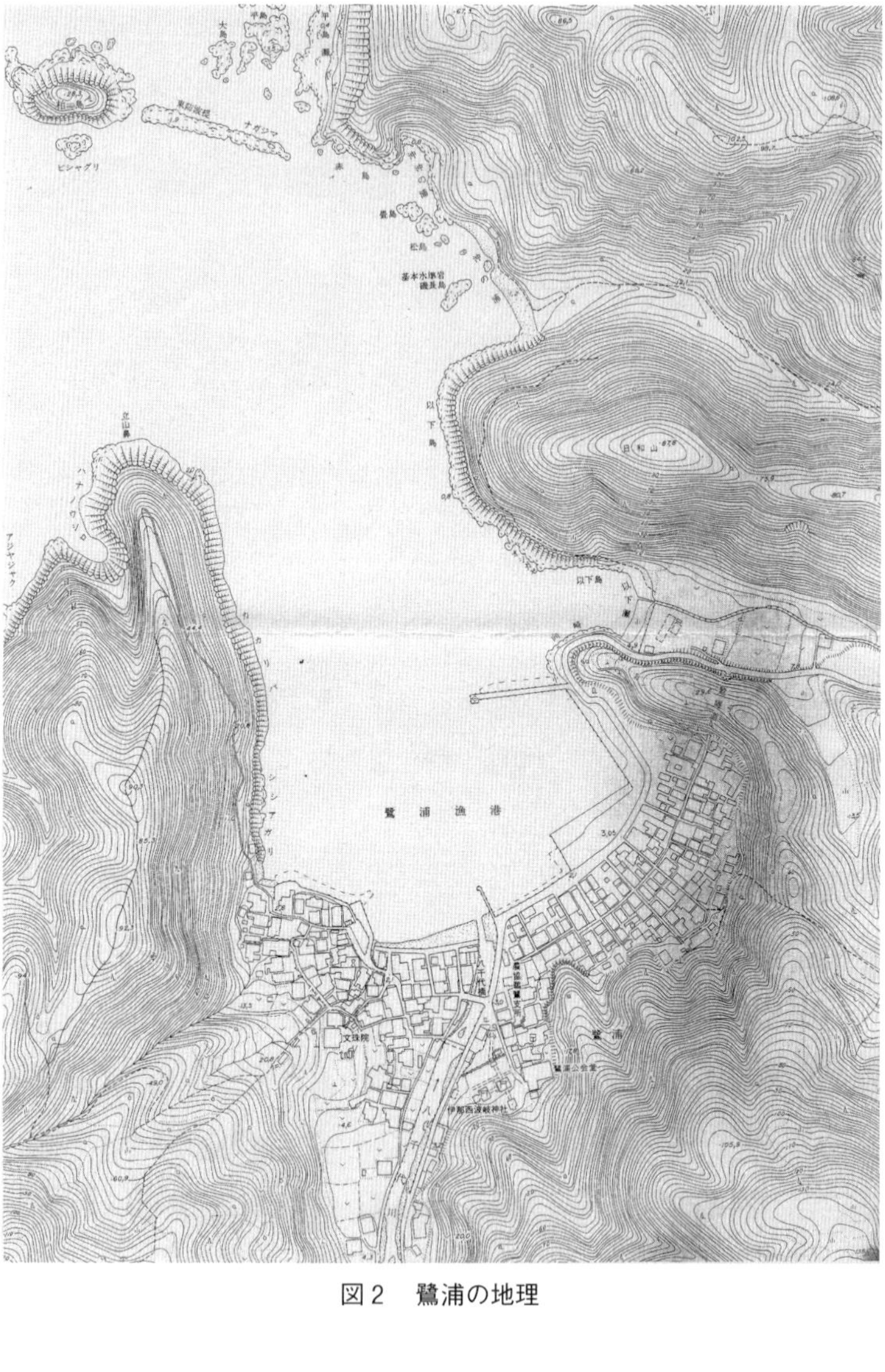

図2　鷺浦の地理

油（灯油として使用）という。また西廻り航路の開発が幕藩領主的商品流通の基軸となって以後急速に海運の発展がおこり、それに伴って商品取引量が全国的に拡大していく中で各地の廻船（北前船）が鷺浦に避難（風待ち）のため毎年数多く入港した。よって港自身も賑わいを見せ、船宿は単なる船宿機能に留まらず、他国売買についての問屋口銭取得の特権が容認される。すなわち船宿＝船問屋の成立が認められる。

その上で船宿契約の固定化をとおして宿替えの禁止を徹底していた。柚木學氏の論考中の「積荷別入港廻船数（花屋）」によると、花屋の入港廻船数は毎年約一九隻であり、宿替えの禁止以降、二二棟の船宿があることから、鷺浦全体として年間約四二〇隻が入航していたという。また当時の積荷別入港数を見てみると積荷の多くが米・塩であり、また五人以下の廻船が多かった。

その後近代期になり、明治五年壬申戸籍によれば、住民の軒数一六八軒で五〇〇～六〇〇人の人口であり、うち漁師が一〇八軒で全体の六四％、ついで船宿一三軒で船乗り三四軒であった。明治十九年になると廻船業者の変化とともに、北前交易の発展のため旧来の船宿（船問屋）仲間が問屋業を株式化し「仲買会社」を設立した。このような北前船入港のピークは幕末から明治二十年代までで、三十年代に入ると減少の一途をたどる。

大正期には、入港船も極端に減少し、積荷も以前の米・塩から石炭・石油に変化していく。また鷺浦は近在する採掘所によって繁栄し、第二次世界大戦後には三〇〇〇人を超える人口であった。

このような鷺浦も、採掘所の閉鎖に伴ってか、近年では鷺浦全体で二〇〇世帯、約三〇〇人が居住、四十歳以下より八十歳以上の人口の方が多い、現代日本の典型的な過疎村落となっている。

写真２　鷺浦俯瞰

写真３　昭和期の鷺浦

なお鷺浦では現在でも屋号で家を呼ぶ慣習があり、塩飽屋、前戎屋など海にちなんだ屋号が表札と並んで掲げられている（屋号については図5を参照）。

二　鷺浦の景観

1　街並みと景観

鷺浦は海から眺めることで街並みを一望することができるが、内湾を構成する東西に張り出した丘からも、その全貌を眺めることができる。図2および章末ロケーション図により鷺浦は背後が山、目の前を海といった山と海の狭間に位置する集落であることがわかる。

また現在漁港として機能する鷺浦は、湾岸に道路、沖には防波堤が設置されているが、かつて防波堤はなく、湾岸は石浜になっていた（写真3）。

鷺浦を訪れる者は、その控えめながら端正な街並みに驚くことだろう。そこには近年の伝統的建造物群保存地区のような、意図的な町並み演出などなく、近世期に形成されたであろう街の在り方を、そこに住む者が大切にし続けてきた史実と事実を即座に読み取ることができる。このように感じる理由を、街路や建築物といった個々の要素に細分化し分析することによって、その一端を解釈することは可能であろうが、そういった要素の分析よってのみでは知り得ない「場の雰囲気」を強く感じる。これこそ鷺浦の特徴ではなかろうか。鷺浦は近代以降の町並みにはない、日本の前近代の雰囲気を今に伝える場所であるといえよう。もっとも筆者もこういった「場の雰囲気」が何によって形成されているのかについて、分析的手法以外を用いて行う術を知らない。ここではこうした「場の雰囲気」の理由について物理的な要素による分析手法の限界性を自覚しつつも、鷺浦の街路を歩きながら気づいた点について述べてみたい。

鷺浦では八千代川を挟んで東側の部分と西側の部分において街路空間や建物の立地など集落構成に違いがみられる。八千代川より西側部分は、中央部に広場を設けつつ、この広場から放射状にかつ地形に沿うかたちで街路が設けられている。また八千代川の西側部分は東側部分にくらべ高低差があり、もっとも高い位置には文殊院がある。このように八千代川より西側は、東側にくらべ複雑な街路構成をとる結果、高い部分では高低差も手伝って、家屋が街路を取り囲むように配置されている。結果、歩行する者からすると、広場から高い部分へ街路階段を上っていくにしたがって、家屋に取り囲まれた閉鎖的な街路である印象をうける一方、高い部分から広場に向けて街路を降りていくと、広場で視界が広がる印象をうけるといった、変化に富んだ街路空間構成をもっている。

一方、八千代川より東側部分では、東西方向に一本の街路が通っており、この街路が鷺浦の中でも最も主要な街路と思われる（この街路を以下「主要街路」と呼ぶ）。またこの街路から枝分かれするかたちで南北方向へそれぞれ一〇本の街路が通っている（以下、この街路を「南北街路」と呼ぶ）。この南北街路のうち、九本が海側から山側まで通る。街路構成に基づくように、敷地割が行われている。

まず、八千代川より東側部分について、集落の東端から街路を一定間隔で撮影し、街並みを歩きながらの景観について見てみたい（図3）。

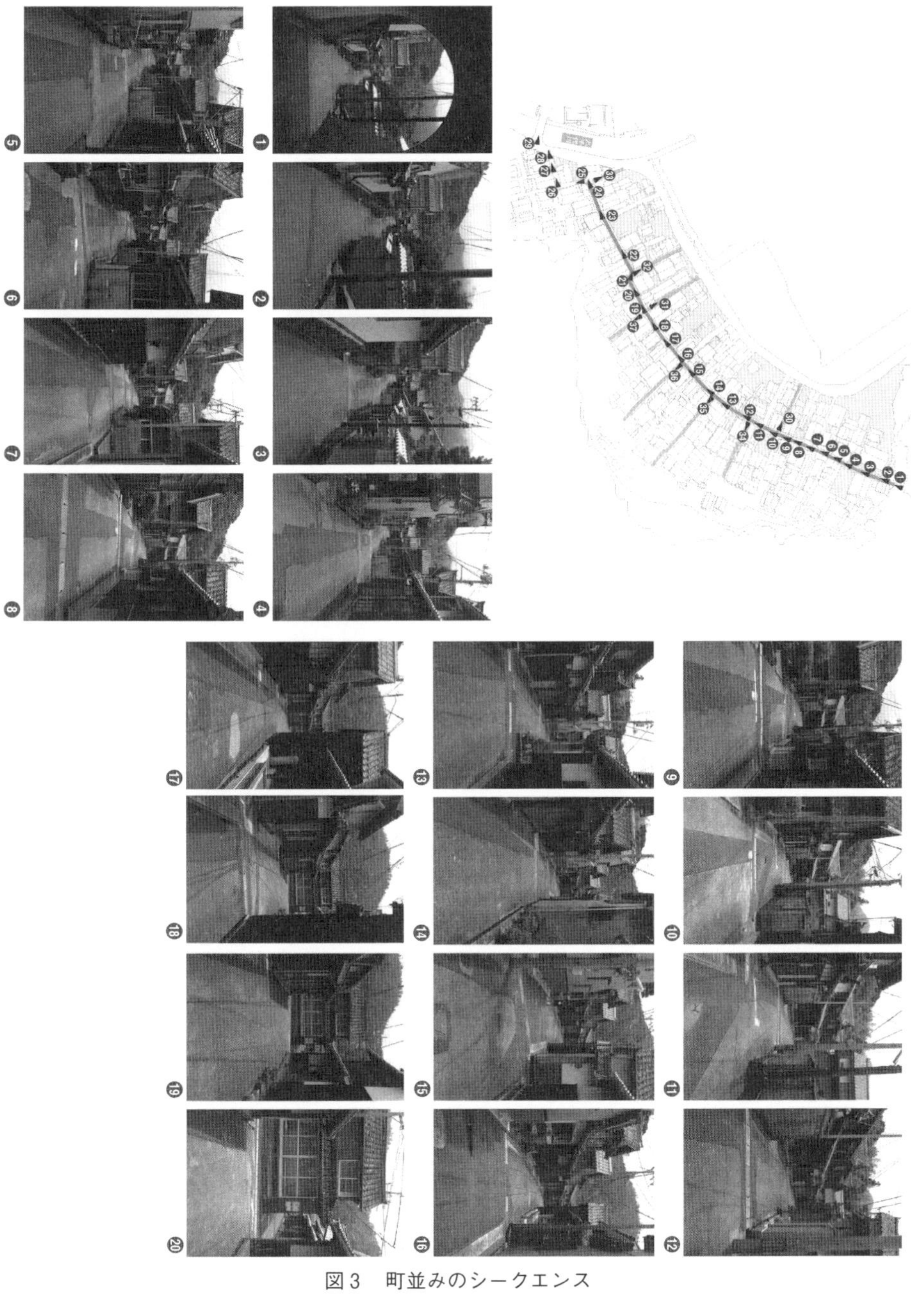

図３　町並みのシークエンス

集落の東端にあるトンネルは近代になって造られたものであるが、このトンネルを抜けた直後から、一定間隔で歩行者の進行方向（西向き）を撮影したのが図3である。トンネルを抜けると（図3②～④）街路は僅かに下り、岡田屋、藤野屋の横を通る。その後鷺浦のなかでも雰囲気のある浜古屋が建つ一つめの南北街路南角に近づきつつ前方をみると、街路はわずかに右にカーブしていることがわかる。さらに歩を進めていくと、その南北街路南角には鷺浦でも規模の大きい建物である塩飽屋に出会う。

さて⑳の写真正面にみえる家屋は太田屋であるが、この太田屋を歩行者が目にするのは、⑯以降徐々に確認できる。これは街路が右にカーブしていること、および太田屋の部分で街路が鍵手になっているからであるが、歩行者がこの太田屋の右側（北側）に街路が続いていることを確認するのは、⑱になってからである。しかもこの段階では、太田屋より進行方向の状況を伺い知ることはできない。極端にいえば太田屋の前の鍵手の街路を歩き終わり（図3㉑～㉒）、進行方向の視界が広がるという景観構成をもつ。このように鷺浦は前近代の街路に認められる工夫（歩行者が進行方向を一気に見せないよう街路を湾曲させたり、鍵手の街路によって視線を切るなど）がみられる。

さて太田屋の前の鍵手の街路を歩き終わった段階で、進行方向を見る歩行者にとって最も目に付くのが東恵比須屋の建物である。この東恵比須屋は、東西街路に妻部をみせている。他の建物が妻部に壁のみ、あるいは勝手口なのに対し、東恵比須屋は南北街路に主玄関をもうけ、妻部分を東西街路にみせるものの、この妻部に格子を入れ、窓を設けるといった歩行者を歩く者の目に付く意匠をとっている。今回東側からの歩行者の視線でも非常に目に付くファサードをみせることから、鷺浦では角地（浜古屋、塩飽屋など）

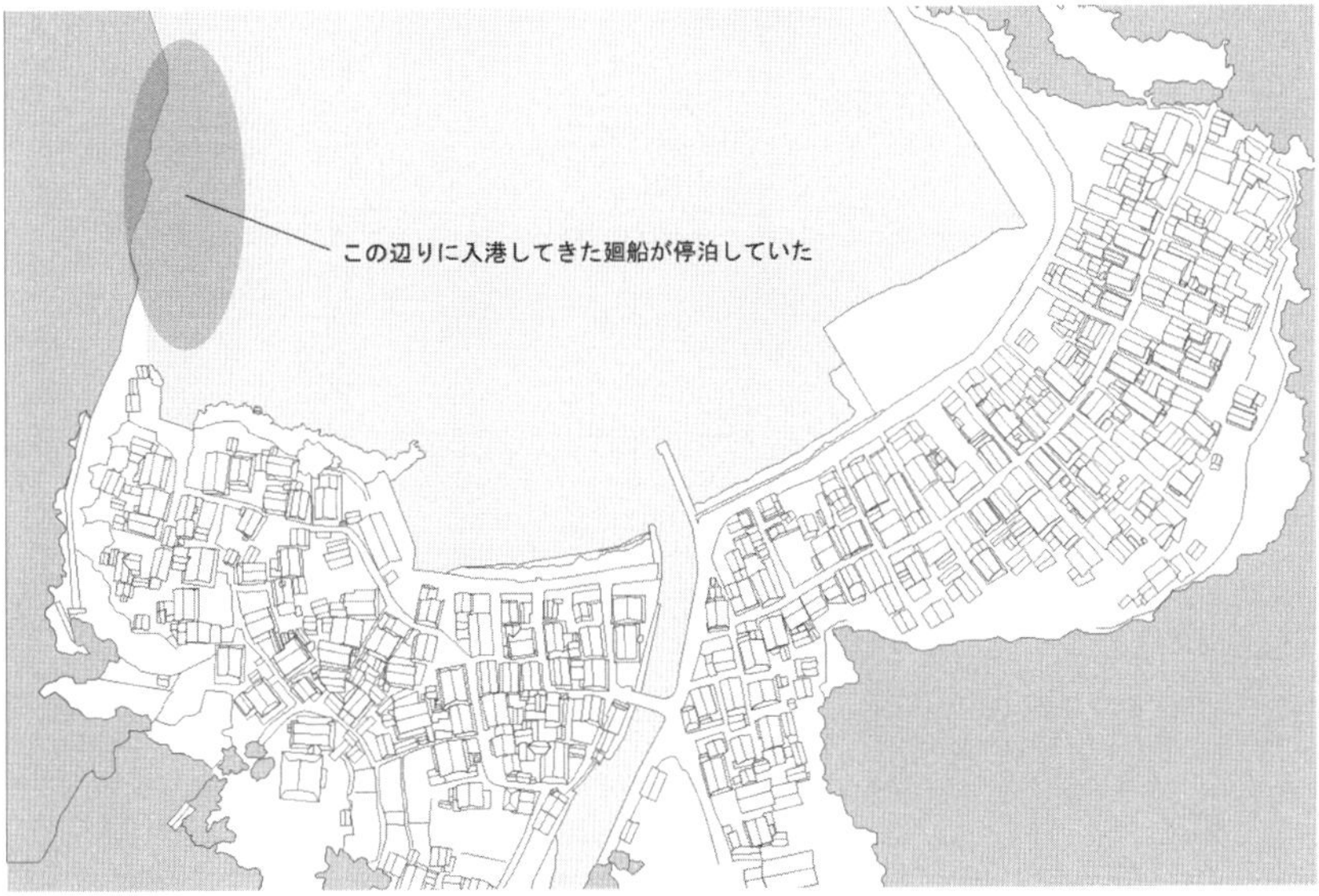

図４　寄港船の停泊地

やアイストップといった歩行者にとって目につく位置の建物は意匠を凝らしていた可能性が考えられる。

２　船宿の立地

ここでは船宿の場所（立地）についてみておく。船宿の存在時期を問わずに船宿であった家屋の配置についてみてみると、八千代川の西側には一五棟、同東側には一二棟ある。鷺浦に寄港する船は湾の西側の絶壁部分（シシアガリ）に停泊したといわれるが（図４）、この船宿の配置をみると、配置が船の停泊地に左右されていないことがわかる。また、船宿であった時期別にその位置をみると、江戸中期では八千代川の西側に一二棟、東側に九棟あり、明治初期では同西側に九棟、東側に七棟あった。江戸中期・明治初期の両時期ともに西側に存在していた船宿の方が若干多いが八千代川東西での船宿の存在軒数はあまり変わらない。さらに鷺浦全体での船宿の配置も江戸中期と明治初期ではほぼ同じ具合であり、鷺浦の街の構成としてみたときに、船宿が一箇所に集中してではなく分散して存在している。よって船宿の配置に対して規則性は特にない。

三　鷺浦の建築

1　現状建築物からみた建築特質

ここでの調査対象は「近世期の建築物、あるいはこれを継承した材料・構造・デザインであると考えられる建物」とした結果、調査依頼に同意して頂いた三六棟（今回採り上げる建物は三三棟）の建築物を調査することができた。ここでは、図6を手がかりに、現状建築物における建築特質のうち、①平面的特質、および②街路と建物の出入り口との関係、以上について考察を試みる。

ここでは家屋三三棟の平面形態について考察を行う。その結果、鷺浦の家屋の平面形態は以下の五つに分類できることがわかる（ただし現状平面での分類）。

・パターンⅠ…平入り、四間取型（一四棟、四二・四％）

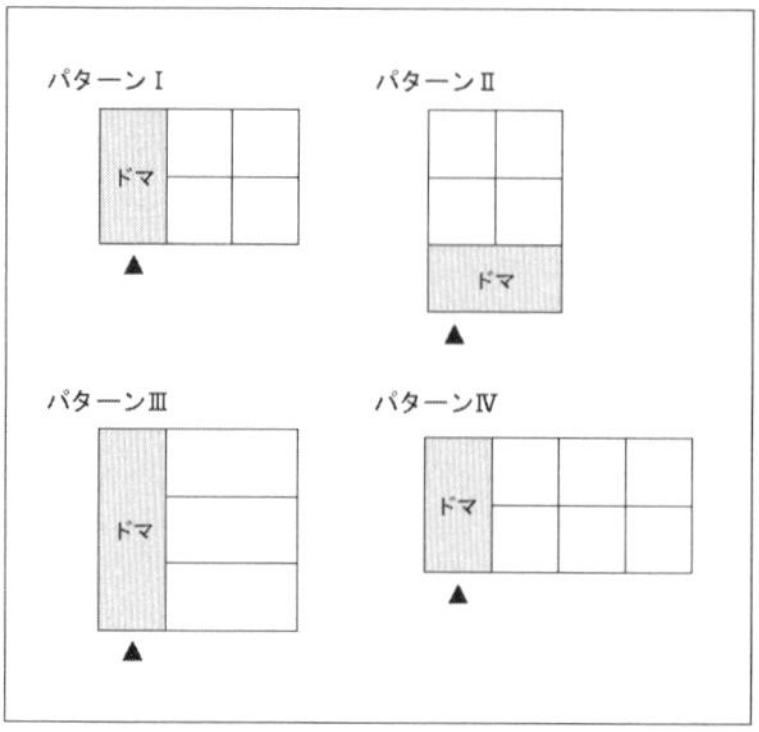

図5　平面分類

図６　街路と出入口との関係

・パターンⅡ…一列三間取型（四棟、一二・一％）
・パターンⅢ…妻入り、四間取型（三棟、九・一％）
・パターンⅣ…平入り、六間取型（一棟、三・〇％）
・その他　…一一棟

以上から、多くの家屋がパターンⅠ、つまり平入りの四間取型が鷺浦の基本的な平面構成であることがわかる。

2　東側部分集落の街路空間構成について

次に、八千代川より東側部分における主要街路と建物の出入り口との関係について考察する。今回、八千代川より東側の主要街路と建物の出入り口との関係について、八五棟調査した結果、これら街路と建物の出入り口との関係は次の四つに分類することができた。

①…主要街路に対して建物が妻面を向けており、その面に主玄関を設けているもの　五棟（五・九％）
②…主要街路に対して建物が平側を向けており、その面に玄関を設けているもの　一〇棟（一一・八％）
③…主要街路に対して建物は妻面を向けているが、主玄関は平側を設けているもの　六四棟（七五・三％）
④…主要街路に対し建物は平側を設けているが、主要玄関は妻側に設けているもの　六棟（七・一％）

以上から八千代川より東側の街路と出入り口の関係は、主要街路に対して妻側を向ける建物が多く、東側の街路は建物の妻面によって構成されていることがわかる。また通常家屋は主要街路に建物の主玄関を設けるが、鷺浦の場合、たとえ建物が主要街路に接していても、その部分に玄関を主要街路に設けず、南北方向の街路に主玄関を設ける例が多いことがわかる。鷺浦が南側を山、北側を海としたわずかな地形に多くの家屋を設けるため、こういった配置、つまり妻面を主要街路に向けたと考えられるが、主要街路に主玄関を設けない街路空間は、例えば近隣の宇龍などとは異なった印象をもつ。

写真5　東恵比須屋妻部

　次にこの主要街路に面している妻部の立面構成について簡単に述べると、立面構成はほとんどが、①壁のみ、②壁と窓、③壁と勝手口、④壁と窓と勝手口以外に分類できる。このことから、家屋によって構成される街路空間は、家屋が街路に対して主玄関を設けず、なかには勝手口を主要街路にみせるなど、主要街路からみえる家屋の表情に対してあまり意識されず、結果として主要街路は簡素な空間構成をみせていることがわかる。

　このように、八千代川より東側の集落では、主要街路に面する家屋の立面が、簡素なつくりになっている家屋が多いなかで、主要街路側の立面に対し「みられる」ことを意識したと考える家屋として、西側の釜屋、布野屋、東恵比須屋があげられる。このうち布野屋、東恵比須屋は、主要街路に主玄関を設ける平入りであるので、格子などによる見せ場をつくりやすいが、釜屋は主要街路に妻面を向け、平入りであるにも関わらず、妻面一階部分に格子窓をもうけ、二階部分に窓を設けるなど、意匠上の見せ場を作っている。

とはいえこうした事例は他の家屋には見られず、主要街路に対するこうした家屋の立面構成は、先に述べた①～③といった簡素な構成をとり、こうした立面構成によって形成されているのが、鷺浦の街路空間における特徴の一つと考えられる。

四　船宿の建築と経営

1　船宿について

先にも述べたが、鷺浦は北前船などの避難港として機能したが、こうした船に対してさまざまなサービスを提供していたのが船宿であった。船宿は台風など航海上の危機回避のために寄港した廻船の船員の宿泊や、身のまわりの世話だけを行っていたわけではなく、積み荷の取り締まりや難破船の救助などといった公的な役割も担っていた。鷺浦において江戸中期もしくは明治初期に存在していた船宿の数は全部で二八棟であったという。柚木學の『近世海運史の研究』によると江戸期の船宿として、輪島屋・嶋屋・加賀屋・福嶋屋・米田屋・北国屋・讃岐屋・花屋・豆腐屋・因幡屋・太田屋・但馬屋・米屋・喜久屋・奥屋・

網干屋・播磨屋・竹野屋・丹後屋・越前屋・塩屋・塩飽屋の計二二棟。これに対し明治元年の船問屋は輪島屋・恵比須屋・加賀屋・備前屋・米田屋・北国屋・讃岐屋・和泉屋・米屋・奥屋・鍛冶屋・加田屋・丹後屋・塩屋・塩飽屋・増屋の計一六棟。そのうちの一二棟が江戸期のみ、六棟が明治期のみ、一〇棟が江戸・明治の両時期において存在していた。この二八棟の船宿建物のうち、現在では取り壊されたものや移転されたものなども含まれているが、越前屋（船宿としては江戸期にのみ存在）を除く二七棟について船宿であった当時の所在を知ることができた。もともと船宿であり位置のわかっている二七棟の家屋の位置と現在の屋号とを照らし合わせると、そのうち一五棟が現在でも同じ位置に存在している。つまり、このことから約半数の船宿が（建替えなどはあるものの）船宿であった当時と同じ位置に家を構えているということが言える。このうち近世期に船宿を経営し、かつ当時の建築物が現存する家として塩飽屋、加田屋、恵比須屋などがある。

2　船宿の建築

次に近世期の鷺浦を考える上で重要な船宿の建築について調査することのできた塩飽屋と加田屋の建築について述べ、加田屋の船宿経営について「船御改控帳」を素材に考えていきたい。

①塩飽屋の建築

塩飽屋（図7）は、鷺浦において近世期建築の建物で最も規模の大きい建物である。主屋は梁行三間半、

写真6　塩飽屋

桁行八間、入母屋、平入。本建物は玄関（土間）部分の妻部を街路にみせ、座敷部分を海側とする。土間に四つの部屋が接し、さらに座敷が接続する。この座敷部分には縁を介して庭があり、さらにその奥（海側）には主屋の海風から守るように蔵が建つ。玄関に入ると、建具および壁で前後に仕切られた土間部となる。土間上部分には煙出しを設けており、この部分は建築当初と大きな改築はないと考えられる。土間から居室に向かうと、表に八畳、裏に六畳の居室がそれぞれ二部屋ずつ計四部屋連続してあるが、これら四室についても大きな改築を示すような痕跡は残されていない。ただこれより奥の座敷部分は部材も新しく、さきの土間部および四つの居室にくらべると、時代が下がる。また座敷裏の階段は明らかに後補であると共に、階段設置に伴う下屋梁の切断などといった大規模な改築が認められる。

さて階段から二階に上がると、一階座敷上部には二つの居室、そのとなりには板張りの部屋がある。このうち板張りの部屋は居室になっているが、登り梁などによって後に居室化されているのに対し、一階座敷上の居室は屋根も高く天井を張って、屋根上部構造が完全に隠されていることから、こちらも後に居室化されていると思われる。

以上から本建物は、もともと平入、四間取のであったものを、後に一階の座敷の付加、階段の取り付け、二階の居室化といった改築が行われた。建築年代であるが、建築当初の土間を含む四間取部分は、部

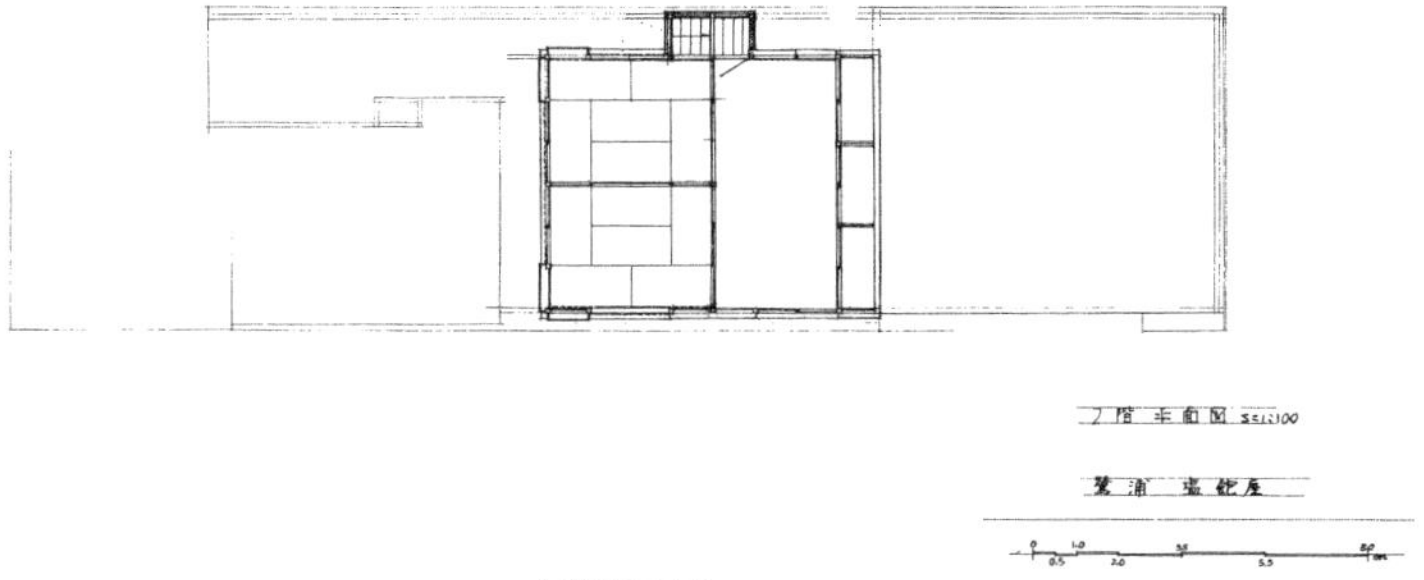

1階平面図

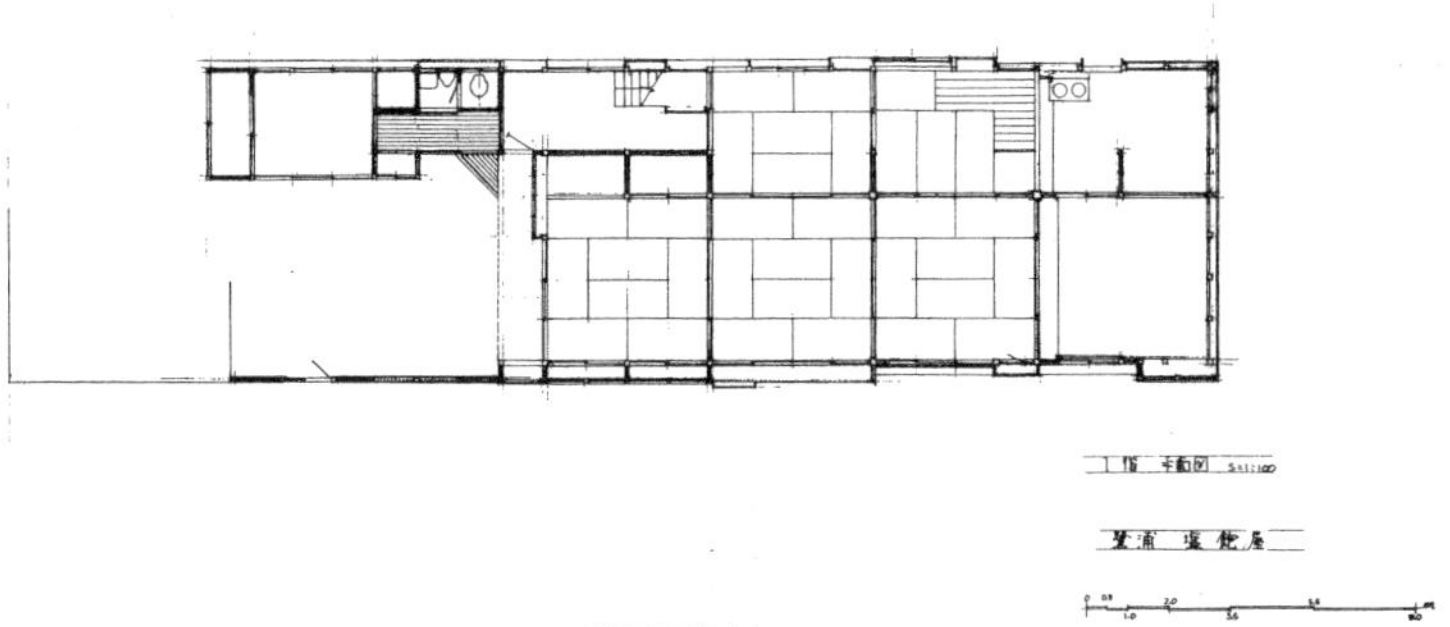

2階平面図

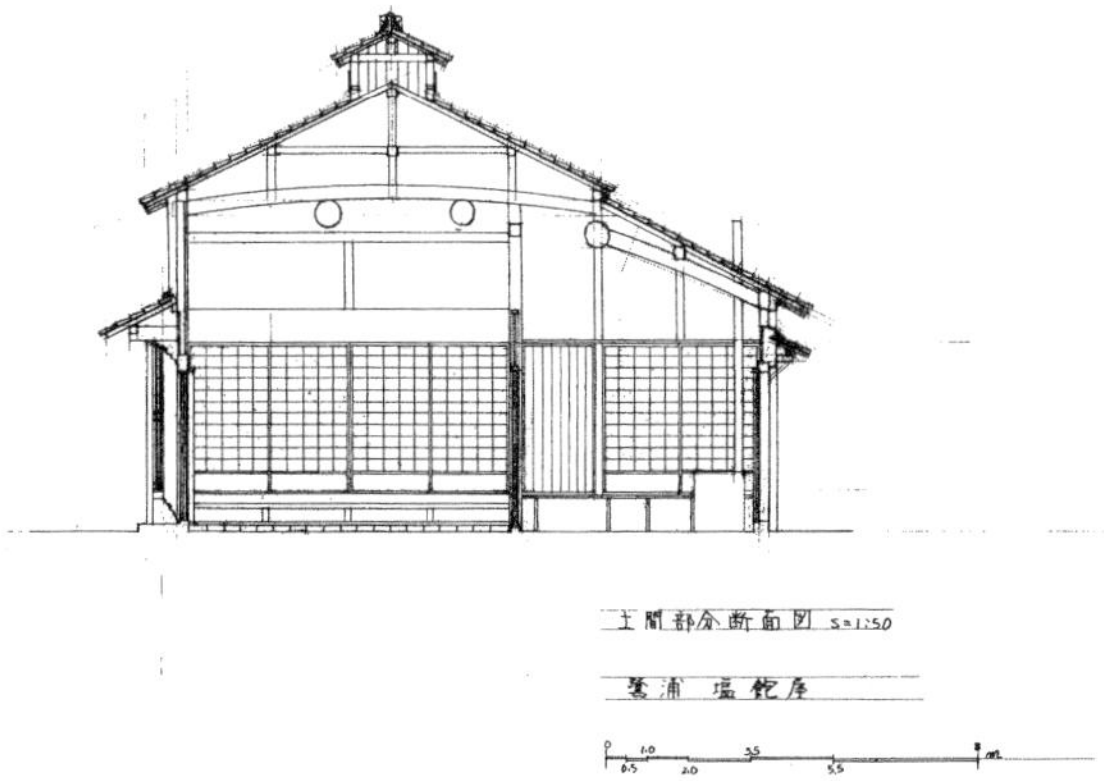

梁行断面図

図7　塩飽屋図面

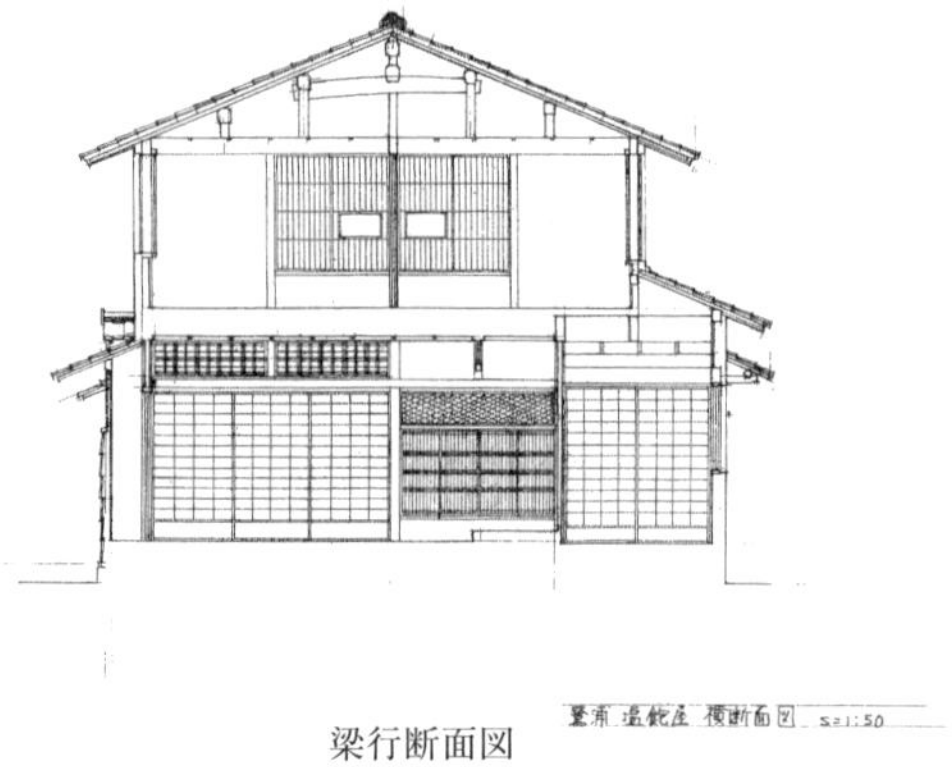

梁行断面図

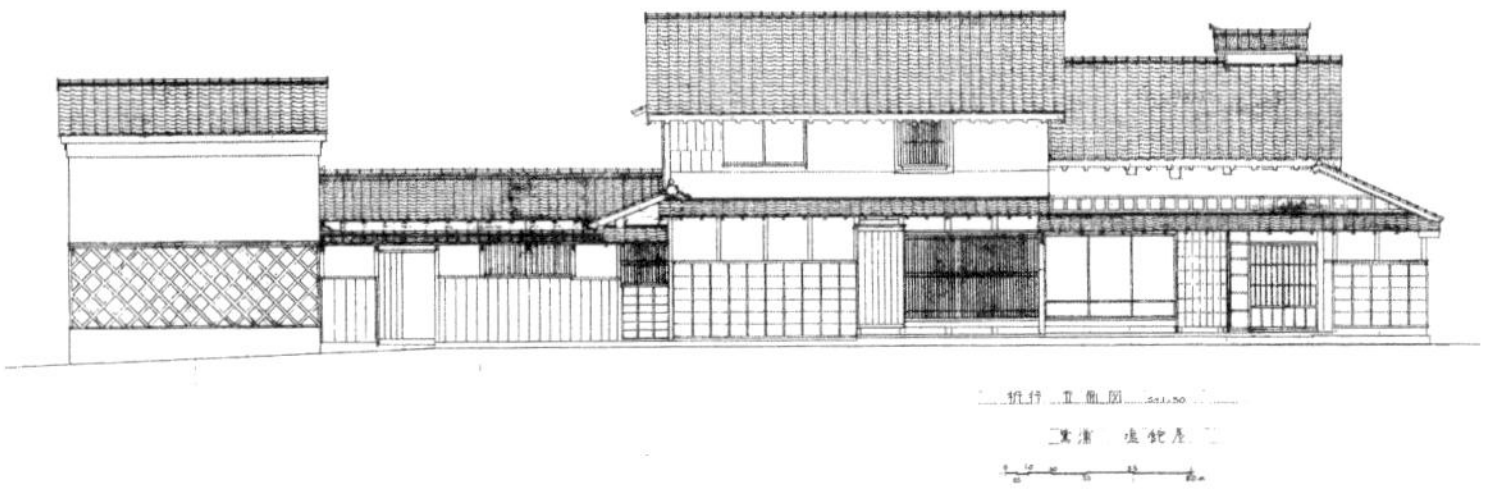

桁行断面図

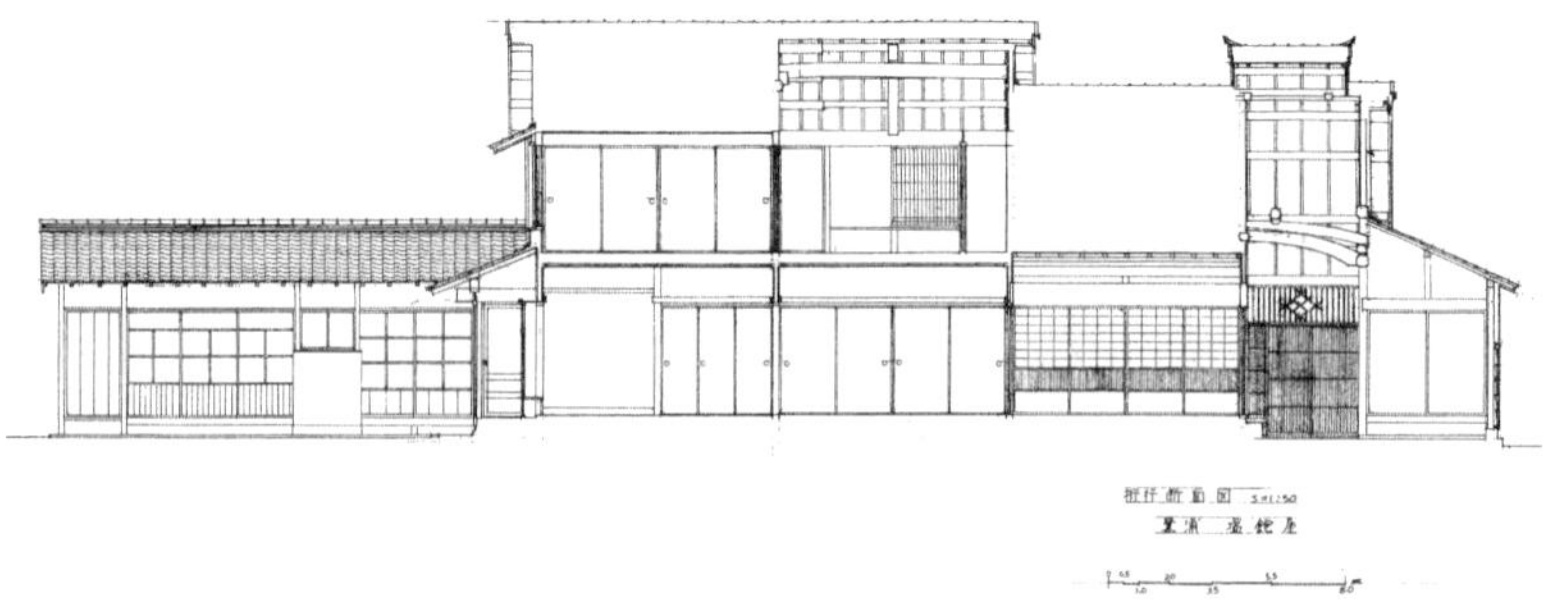

桁行立面図

材経年などから、江戸末〜明治初期ごろ、その他座敷および二階の居室化が明治〜大正期にかけて行われたと考えられよう。

なお本建築は、八千代川を挟んだ東側集落の中心部に位置し、その存在感などから、鷺浦を象徴するものである。

②加田屋の建築

本建物は御当主によると、江戸末期に建てられたという。もともと茅葺であり、昭和二十年代に瓦葺にしたが、この時に小屋組を現在のようにやり替えたという。玄関を入ると奥にダイドコロ、ヘヤ、玄関横の部屋は街路側からミセ、中の間、オモテとなる。現在のダイドコロは復原するとなくなり通り土間となるが、ヘヤに関しては建設当初から設けられていた可能性が高い（図8）。

玄関を入ると吹き抜け空間となる。玄関をあがるとミセとなるが、東側の柱二本は昭和二十年代に新材に替えられた。ミセの奥に中の間がある。ミセと中の間の境には新しい材による鴨居が入る。中の間のうち東側および北側に長押を打つ。その上に梁が二本通る。中の間の表側には現在差鴨居を通すがこれも新しい。中の間の表側から一間入った位置に上部には土間では二重になっている梁行の梁のうちの下部の梁が、中の間側では切断されている。また中の間上部は、現在桁行方向の梁の上に梁行方向の梁がのり、その上に新しく（おそらく屋根を瓦葺にした昭和二十年代であろう）棹縁天井を設けているが、このうち桁行方向の梁下部には以前梁が通った跡があることから、先ほど切断されている梁が中の間室内にも通っていたも

写真７　加田屋（外観）

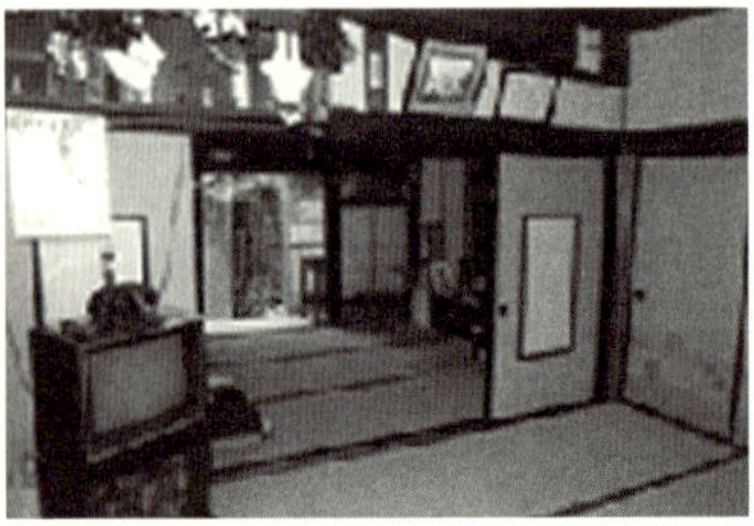

写真８　加田屋（内部）

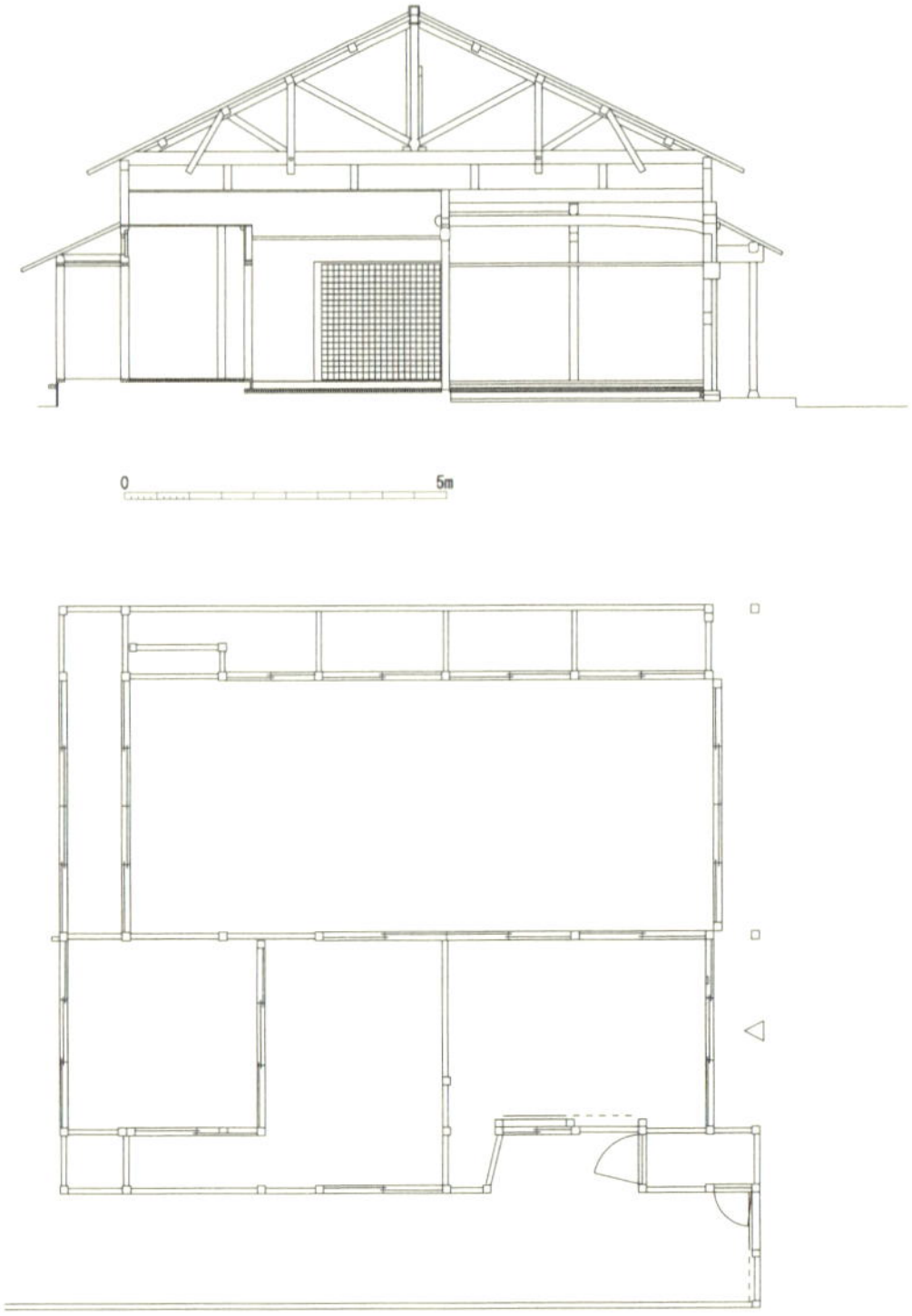

図８　加田屋平面図・断面図

のと考えられる。中の間の奥にはオモテと呼ばれる座敷空間があり、現在、仏壇と床・平書院がもうけられているが、平書院は柱内側に壁貫跡があるので、後補であるが、その他この部分には大きな変更はないと思われる。

本建築物の建設年代はこれを明確に知りうる資料を欠くが、材の経年などから江戸期の建物であると考えられる。また近世期には船宿を経営していたことが客船帳から明らかであり、近世期の船宿経営と建築空間とを知る上で貴重な建築物であると考えられる。

3　船宿の経営と建築――加田屋「船御改控帳」を対象に

近世船宿には役金の徴収権が与えられ、この役金は歩銭として徴収されたが、この歩銭徴収のために入港してくる廻船を順番に書き留めていたのが「船御改控帳」である。記載内容は入港日付、船籍、船主（直船頭）、沖船頭、乗組人数、積荷などが主であり、一年分を一冊にまとめていた。加田屋の船御改控帳は享保十二年（一七二七）から文化十五年（一八一八）までのうち五九年分の記載があり計五九冊になっている。

次に、加田屋「船御改控帳」を用いて記載内容の考察を行うことにする（妻木宣嗣「島根県出雲市大社町鷺浦の経営に関する研究―近世期の船宿を事例に―」『日本建築学会近畿支部研究報告集』二〇〇六年参照）。

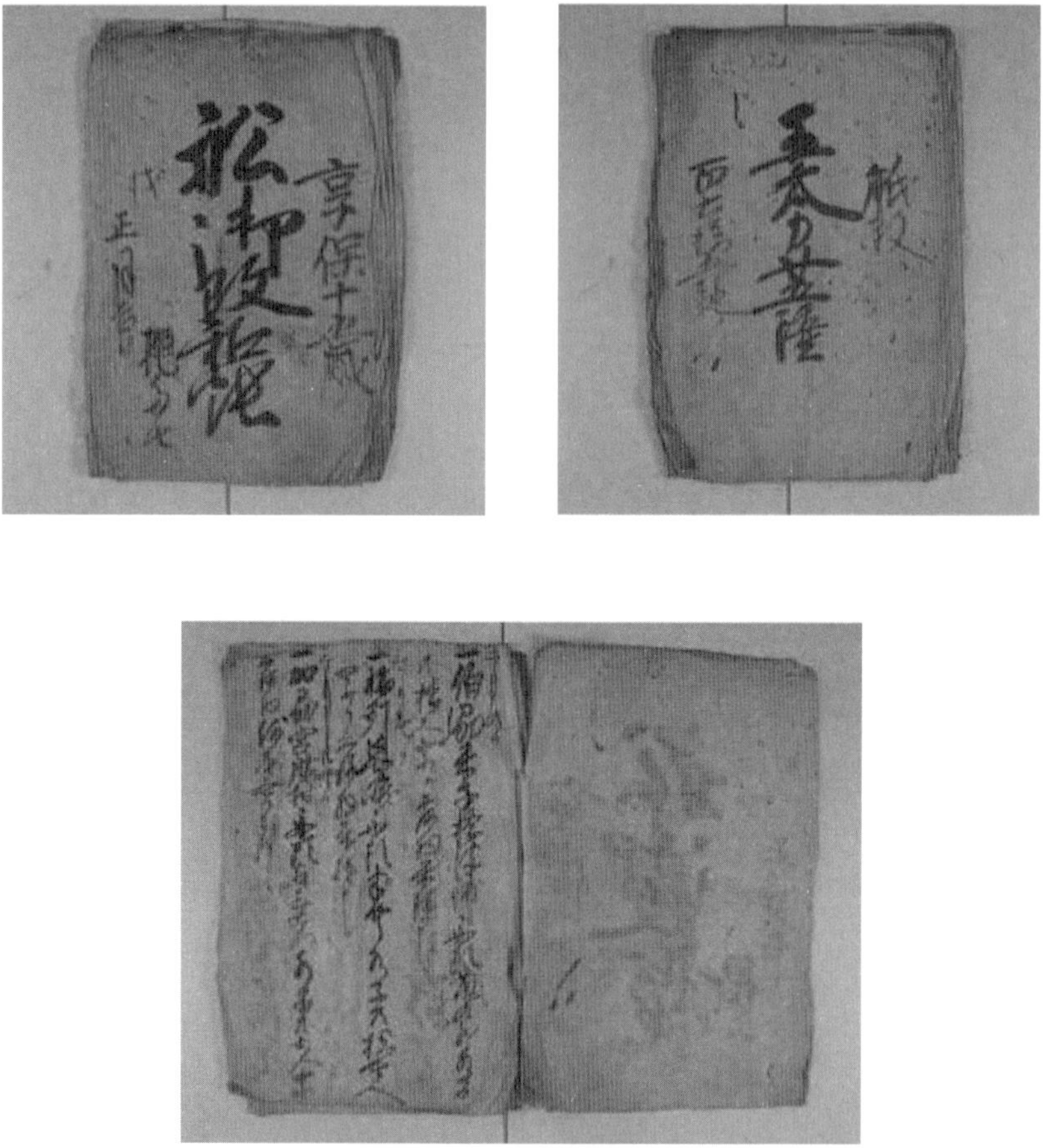

写真９　加田屋「船御改控帳」

①入港船数の年代別変化

グラフ1は加田屋取扱いの入港船数を年代別に表示したものである。グラフ1より享保十二年（一七二七）から明和九年（一七七二）までは一〇艘に満たない入港船数が多いが、安永期から寛政中期にかけては入港船数が多くなっていることがわかる。その中でも天明三年（一七八三）が最も多く三九艘入港していることが確認できる。そして寛政後期から徐々に入港船数が減少してくる傾向が見られる。つまりもっとも多い天明三年でも月平均にすると、三・五艘となり、加田屋が船宿として機能しつつも、船宿としてのみで生計を立てていたとは考えにくいのではなかろうか。

②入港船の船籍地について

また、グラフ2は入港船の船籍地を年代別に表示したものである。国別の入港数では加賀が一六一艘入港しており最も多く、ついで摂津一一五艘、越前七八艘、越後五七艘、出雲五四艘、播磨四〇艘の順に入港していた。入港の時期に関しては加賀・越前などの北陸地方の船は明和期後期（一七七〇年代）から急増して入港しており、出雲の船も同様の傾向がみられる。一方で摂津の船は享保から文化を通して、おおよそ二から四隻程度入港している。

さて月別の入港船を船籍地別に表示したのがグラフ3である。グラフ3により全体的に二月から十月の間に入港していることが確認できる。特に四月が最も多く一六八艘入港し、ついで五月に一一六艘、七月に九八艘入港していることが確認される。一方で十一月から二月には入港数は少なかった。

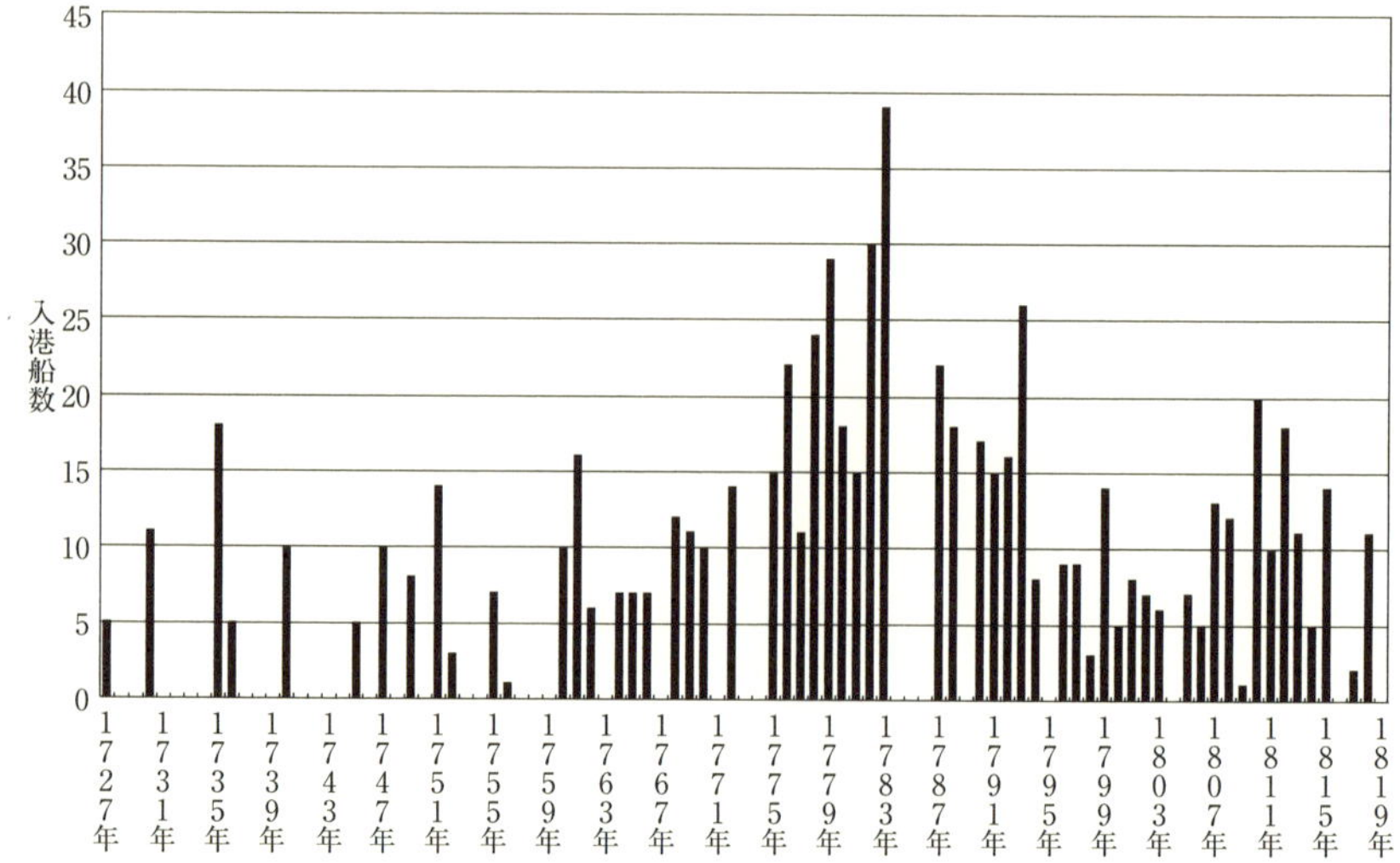

グラフ１　入港廻船数（加田屋）

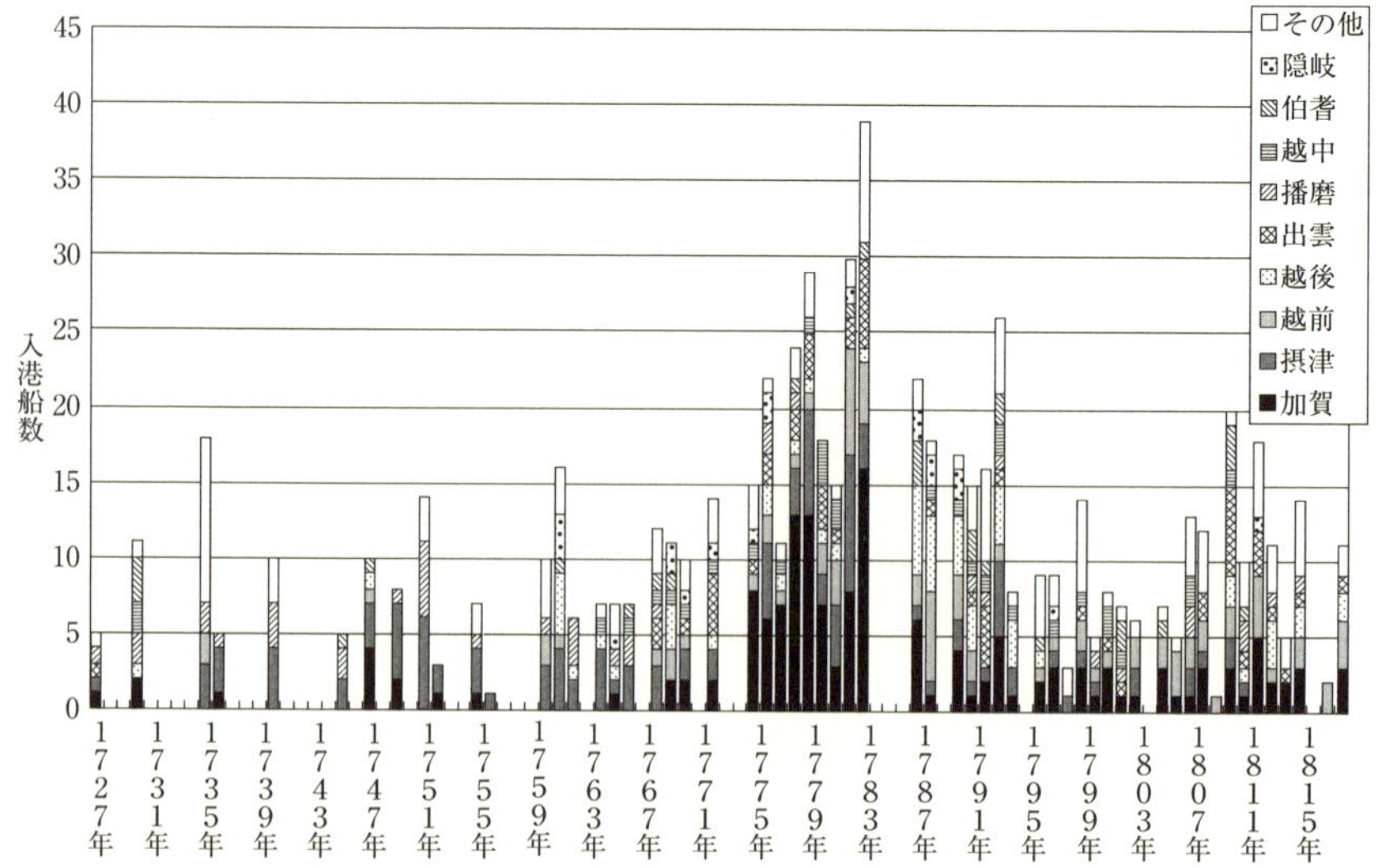

グラフ２　年別入港廻船数（加田屋）

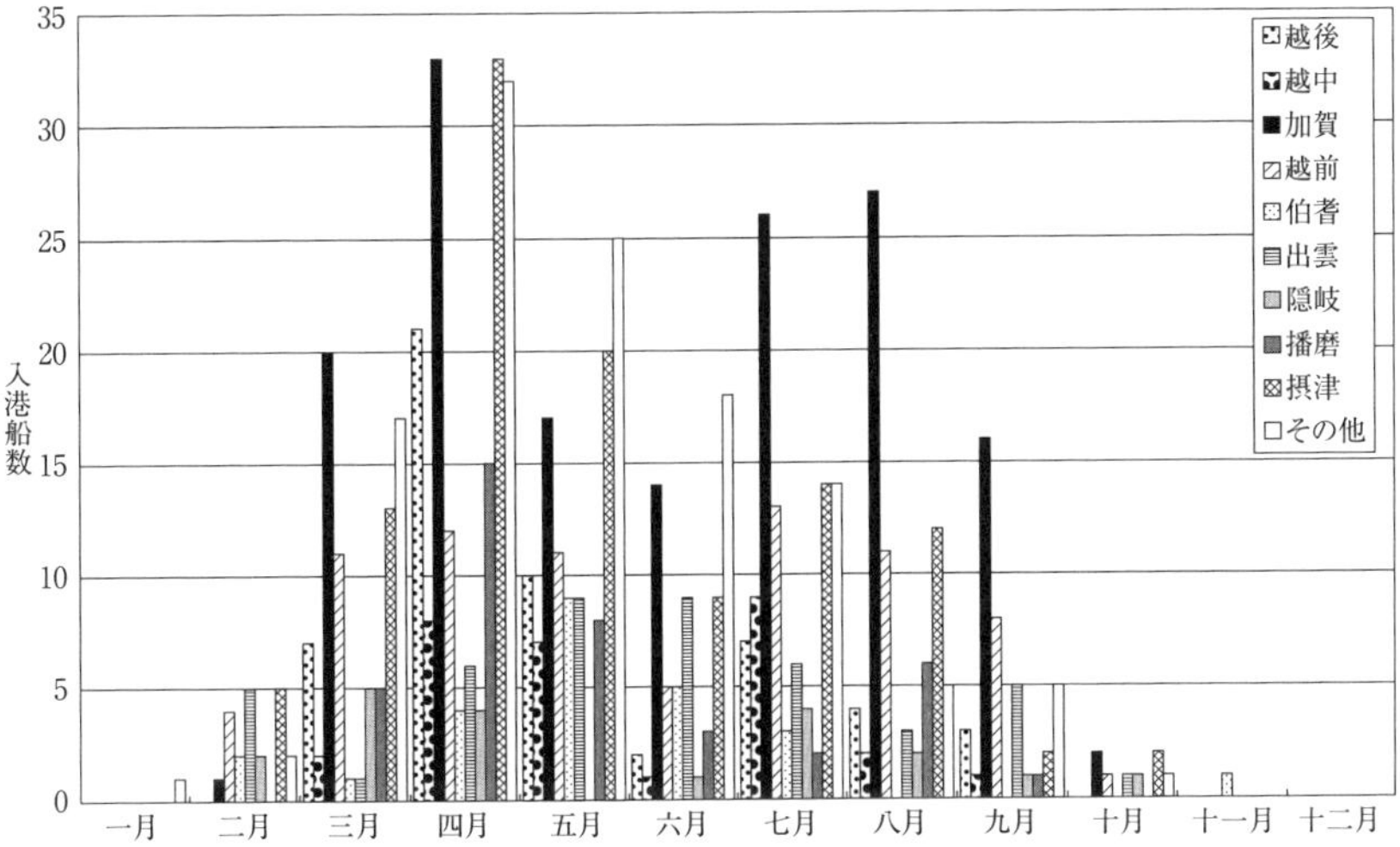

グラフ3　月別船籍地別入港廻船数（加田屋）

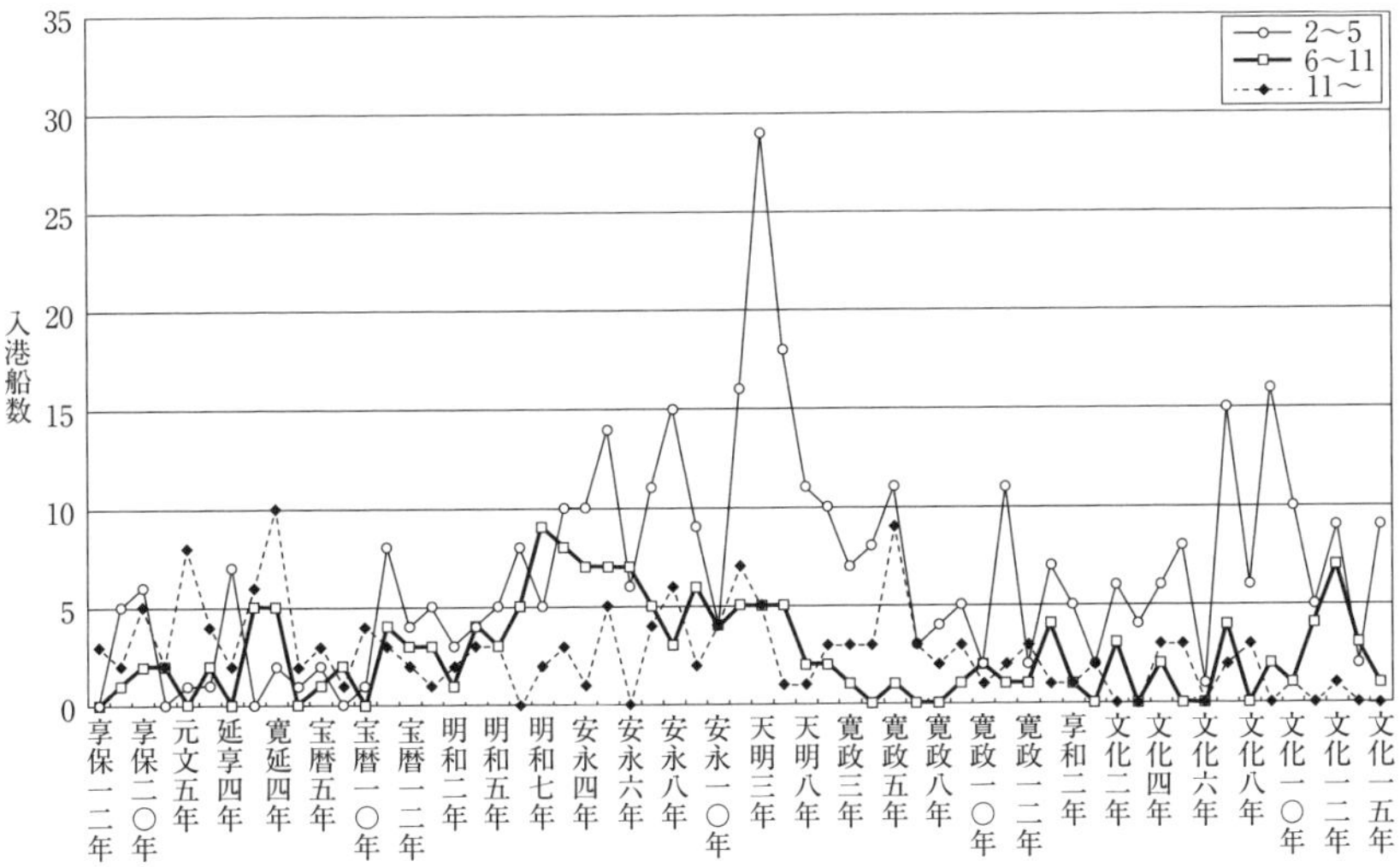

グラフ4　乗組員人数別入港船数（加田屋）

表１　船籍別乗組員（加田屋）

年	日付	国籍	船頭	乗組人数	荷物	停泊期間
宝暦14年	３月20日	摂州大阪	市郎右衛門	2	なし	３月23日出船（４日間）
宝暦14年	４月19日	越後国蒲原郡	藤八	3	干鰯	４月22日出船（４日間）
宝暦14年	５月朔日	摂州大阪靭新天満町	伊左衛門	4	干鰯	５月11日出船（11日間）
宝暦14年	５月28日	摂州大阪川口	伊平次	14	米	６月１日出船（４日間）
宝暦14年	６月19日	能州羽喰郡子浦村	六兵衛	4	米	同日出船（１日間）
宝暦14年	７月11日	越中射水郡堀国新村	傳之丞	6	なし	７月17日出船（７日間）
天明７年	３月26日	隠州嶋後那久村	平助	2	なし	３月28日出船（３日間）
天明７年	４月５日	敦賀	傳吉	5	塩	４月６日出船（２日間）
天明７年	４月19日	越後国鬼舞峠浦	吉次郎	4	塩	４月20日出船（２日間）
天明７年	４月19日	越後国頭城郡直江津	清次郎	3	塩	４月20日出船（２日間）
天明７年	４月19日	越後国市振浦	松左衛門	2	塩	４月20日出船（２日間）
天明７年	４月19日	越後国市振浦	仲左衛門	2	塩	４月20日出船（２日間）
天明７年	４月25日	加州宮腰	権四郎	5	なし	４月26日出船（２日間）
天明７年	５月４日	加州本吉	七右衛門	2	米	５月10日出船（７日間）
天明７年	５月４日	伯州汗入郡御来屋浦	平兵衛	3	なし	５月６日出船（３日間）
天明７年	５月10日	肥前国佐賀郡諸冨津	市十	7	塩	５月14日出船（５日間）
天明７年	５月11日	越後国蒲原郡村松濱	権之助	4	干鰯	５月25日出船（５日間）
天明７年	５月11日	加州石川郡粟ヶ崎村	五郎右衛門	3	塩	５月14日出船（４日間）
天明７年	６月３日	越後国市振浦	仲右衛門	2	干鰯	同日出船（１日間）
天明７年	６月７日	摂州神戸浦	多郎左衛門	18	米	６月９日出船（３日間）
天明７年	７月５日	加州石川郡粟ヶ崎村	五左衛門	3	米	７月６日出船（２日間）
天明７年	７月16日	石州銀山料西川浦	正兵衛	3	茶	同日出船（１日間）
天明７年	７月19日	隠州嶋前□田村	興五郎	2	塩	７月21日出船（３日間）
天明７年	７月19日	伯州河村郡橋津浦	加七	2	塩	７月23日出船（５日間）
天明７年	７月19日	伯州汗入郡今津浦	弥助	3	塩	７月23日出船（５日間）
天明７年	７月27日	加州宮腰	権四郎	5	米	７月29日出船（３日間）
天明７年	８月20日	越前国梶浦	加兵衛	7	塩	８月24日出船（５日間）
天明７年	９月14日	加州江沼郡橋立浦	又兵衛	6	塩	９月16日出船（３日間）
天明８年	２月24日	越前国新保浦	次郎八	5	塩	２月28日出船（５日間）
天明８年	３月２日	敦賀	傳次郎	5	にしん	３月４日出船（３日間）
天明８年	３月２日	隠州嶋後矢尾村	万蔵	3	板	３月28日出船（27日間）
天明８年	３月晦日	越後国市振浦	松右衛門	2	干鰯	４月５日出船（６日間）
天明８年	４月16日	越後国鬼舞浦	惣左衛門	5	米	４月21日出船（６日間）
天明８年	４月16日	越中射水郡堀岡新村	庄兵衛	6	米	４月21日出船（６日間）
天明８年	４月24日	隠州嶋後矢尾村	万蔵	3	なし	４月29日出船（６日間）
天明８年	５月16日	越後国市振浦	仲右衛門	2	なし	５月17日出船（２日間）
天明８年	５月19日	越後国鬼舞浦	惣左衛門	5	なし	５月22日出船（４日間）
天明８年	６月朔日	敦賀	孫右衛門	6	米	６月４日出船（４日間）
天明８年	６月２日	御国神門郡杵築□宮村	市次郎	2	板	６月４日出船（３日間）
天明８年	７月６日	摂州神戸浦	太郎左衛門	18	なし	７月７日出船（２日間）
天明８年	７月９日	佐渡国羽茂郡松ヶ崎村	茂右衛門	7	米	７月15日出船（７日間）
天明８年	８月17日	敦賀	孫右衛門	6	米	８月19日出船（３日間）
天明８年	８月17日	越前国梶浦	加兵衛	7	種	８月24日出船（８日間）
天明８年	９月23日	加州宮腰	四郎左衛門	5	なし	９月24日出船（２日間）
天明８年	10月朔日	越前国梶浦	加兵衛	7	にしん	10月２日出船（２日間）

またグラフ2・3をみる限り「特定の月」に「特定の国」からの入港が多いと言った傾向は見られなかった。

③停泊期間について

宝暦十四年（一七六四）、天明七年（一七八七）、天明八年（一七八八）の加田屋「船御改控帳」から停泊期間の記載が確認できる。そこで停泊期間について検証を行ったのが表1である。停泊期間は「二日間」が最も多く、ついで「三日間」・「四日間」・「五日間」の順となった。最高停泊期間は「二七日間」で最低停泊期間は「一日間」で同日に出船していた。また、停泊期間「二日間」の入港船籍地は越後国が最大となり、ついで加賀、越前、摂津の順で多いことが確認できた。つまり入港船はそれほど長い期間滞在しなかった。この滞在期間と先ほどの年間の取り扱い入港船数（最も多い年で年間三・五艘）を考えると、やはり加田屋の場合、船宿以外の何らかの生業を行っていた可能性が考えられよう。

④入港船の規模について

グラフ4は廻船の大きさ（乗組人数で把握）を表示したものである。

グラフ4より享保期から寛延期にかけては二～五人乗の廻船と一一人以上乗の廻船がほぼ同数入港していることがわかる。また宝暦期から天明期にかけては二～五人乗の廻船が急増し六～一〇人乗・一一人以上乗の廻船の倍程度入港していることが確認できる。文化期でも二～五人乗の廻船は天明期に比べると少ないが六〜一〇人乗・一一人以上乗の廻船の倍程度入港していることが確認できる。特に二〜五人乗の廻船は天明三年に二九艘入港し全年の中で最も多くなっている。ちなみに五人乗で積石数二〇〇石前後の廻船であり、一一人以上乗で五〇〇石であった。

次に一〇人乗以上の廻船を抽出して表示したものが表2である。一〇人乗以上入港船の総数は一六七艘であり、その内摂津の廻船は九六艘と半分以上を占めている。また一〇人乗以上の廻船は米を積んでいることが多い。

⑤入港する廻船の積荷について

享保から寛政にかけて積荷別に入港廻船数を表示したのがグラフ5・6である。積荷別では米がおよそ四〇%を占めており、ついで「なし」「塩」「干鰯」の順である。「米」「塩」「なし」は享保から文化にかけての期間、平均的に入港している。「干鰯」は明和期から増えてくる傾向が見られる。

船籍地別に積荷をみると、より積荷の中で最も多かった「米」は加賀の廻船からの入港が最も多く、ついで摂津、越前、越後の順で多い。つまり「米」は北陸地方が船籍地の船が多いことがわかる。また、「塩」も加賀の廻船からの入港が多く、ついで越前、越後の順である。「米」と同様に北陸地方からの入港が多かった。

入港してくる廻船は二〜五人乗の廻船の入港が最も多く、六〜一〇人乗・一一人以上乗の倍以上であることが確認される。また、六〜一〇人乗・一一人以上乗の廻船はほぼ同数が入港していることがわかる。

表2　10人以上入港船一覧

入港年月日	国名	船主	沖船頭	乗組人数	荷物
享和12.欠	摂州大坂		茂吉	11	米
3/6	播州魚崎村		半四郎	13	なし
享保15.2/9	伯州米子槍津浦		藤九郎	10	米
3/7	播州魚崎村		半四郎	14	米
4/10	伯州米子橋津浦		藤九郎	10	塩
5/26	伯州米子橋津浦		清右衛門	10	塩
8/25	播州魚崎村		平四郎	13	材木
享保20.3/6	備後国因島棟之浦		喜三兵衛	10	なし
3/28	豫州大嶋浦		忠右衛門	14	米
3/29	播州魚崎村	三郎右衛門	半四郎	14	なし
4/11	摂州脇濱浦		又三郎	15	米
4/15	能州輪嶋村		四郎右衛門	10	米
6/28	摂州大坂		治太夫	10	米
8/11	播州魚崎村		与左衛門	15	米
享保21.3/9	播州魚崎村		吉兵衛	13	なし
5/17	摂州神戸浦		徳兵衛	17	なし
7/2	摂州大坂道頓堀新大黒町	佐□兵衛	重郎右衛門	10	米
元文5.3/17	摂州脇濱浦		権三郎	16	米
3/19	讃州粟嶋		次郎	14	米
5/13	摂州脇濱浦		権三郎	16	米
6/5	播州魚崎村		治右衛門	15	なし
8/3	摂州脇濱浦	亦三郎	権三郎	14	米
8/10	播州魚崎村		善兵衛	16	材木
8/29	摂州大坂		庄左衛門	18	材木
9/17	播州魚崎村	左右衛門	左右衛門	18	なし
延享2.4/17	播州魚崎村	善兵衛	善四郎	18	材木
4/19	播州魚崎村	彦兵衛	与左衛門	18	なし
5/24	摂州神戸浦		法兵衛	16	米
7/3	摂州西宮		源左衛門	15	米
延享4.4/14	摂州民度郡西宮		半兵衛	15	米
4/26	摂州民度郡西宮		半兵衛	15	米
寛延2.4/14	摂州神戸二ツ茶屋浦		民兵衛	17	米
4/16	摂州二ツ茶屋浦		長三郎	13	米
4/16	摂州二ツ茶屋浦		忠兵衛	16	米
4/16	摂州二ツ茶屋浦		多平治	16	米
4/16	摂州二ツ茶屋浦		半四郎	17	米
5/16	播州奥崎村		善兵衛	18	米
寛延4.4/5	摂州二ツ茶屋浦		徳兵衛	13	なし
4/5	播州姫路領魚崎村	四郎右衛門	■治郎	17	なし
4/17	摂州大坂	安右衛門	甚三郎	11	三国御城米
4/17	摂州大坂安治川		庄三郎	11	三国御城米

入港年月日	国名	船主	沖船頭	乗組人数	荷物
4/17	筑前廣泊り		作次郎(直乗)	19	越前御城米
5/6	播州姫路領魚崎村		六兵衛	14	なし
7/5	摂州大坂阿川		清太夫	15	なし
7/9	播州姫路領魚崎村	四郎右衛門	六治郎	17	庄内御城米
7/12	摂州脇濱浦	茂右衛門	権三郎	16	材木
7/18	摂州大坂		清太夫	15	米
宝暦2.6/2	摂州大坂		藤次郎	15	米
7/5	摂州二ツ茶屋浦		徳兵衛	13	米
宝暦5.5/5	摂州二ツ茶屋浦		清兵衛	13	米
8/3	摂州二ツ茶屋浦		権四郎	15	米
8/26	播州姫路領魚崎村	四郎右衛門	市次郎	14	材木
宝暦6.5/17	摂州二ツ茶屋浦		傳左衛門	17	米
宝暦10.4/22	摂州大坂	吉右衛門	長左衛門	13	丹後米
4/22	摂州大坂	平吉	善右衛門	15	越前御城米
8/15	播州姫路領魚崎村	三郎右衛門	平十郎	15	材木
欠	摂州二ツ茶屋浦		安左衛門	17	米
宝暦11.4/5	摂州大坂		善三郎	13	米
7/20	摂州大阪薩摩堀	伊兵衛	武右衛門	13	米
8/12	摂州二ツ茶屋浦		徳兵衛	13	米
宝暦12.3/27	摂州神戸浦	惣七	■三郎	18	米
4/24	摂州大阪新平野町	加兵衛	市蔵	16	欠
宝暦14.5/28	摂州大阪川口		伊平次	14	米
明和2.2/28	摂州神戸浦		勘六	16	なし
4/3	讃州山田郡浜村浦	喜兵衛	彦五郎	14	米
明和3.3/3	摂州大坂		伊平次	12	干鰯
3/25	摂州大坂	平吉	善右衛門	15	丹後御城米
9/19	摂州二ツ茶屋浦		平蔵	18	なし
明和5.3/17	但州福崎浦		孫八	13	米
4/8	摂州大坂	平吉	善右衛門	15	丹後御城米
5/2	阿州中郡中島浦		万右衛門	10	米
5/2	摂州大坂		利助	14	なし
明和7.4/13	摂州大坂北革町弐丁	安兵衛	久左衛門	12	なし
7/26	摂州兎原郡御影浦		傳吉	16	米
明和9.2/28	摂州神戸浦		茂右衛門	18	米
3/13	摂州西宮		孫十郎	17	なし
4/1	豊後国三佐浦		忠右衛門	16	越前御城米
安永4.7/16	加州石川郡粟崎村	藤右衛門	多兵衛	14	なし
安永5.4/23	摂州大坂	平庄	善右衛門	13	昆布
5/3	摂州大坂本町	九兵衛	宇兵衛	13	米
5/3	讃州積浦	権五郎	茂五郎	13	米
5/3	摂州大坂高橋町	松左衛門	権次郎	18	米
6/13	摂州武庫郡西宮		孫十郎	15	米

入港年月日	国名	船主	沖船頭	乗組人数	荷物
8/21	摂州大坂本町	九郎兵衛	宇兵衛	11	米
安永7.5/1	加州石川郡粟崎村	藤左衛門	仁兵衛	10	米
5/1	紀州日高郡薗浦		惣四郎	13	米
欠/26	摂州兎原郡御影浦	五郎兵衛	惣十郎	14	米
欠/1	摂州武庫郡西宮		弥十郎	15	なし
欠/19	摂州大坂	吉左衛門	長左衛門	17	米
安永8.2/12	摂州大坂	平吉	市次郎	13	なし
2/12	摂州兎原郡御影浦		惣十郎	15	なし
4/3	摂州兎原郡御影浦		惣十郎	15	米
4/16	摂州兎原郡御影浦		悦蔵	16	米
4/26	摂州大坂本町	九郎兵衛	吉次郎	11	米
9/1	加州石川郡西米崎村		仁兵衛	10	米
10/4	摂州兎原郡御影浦		悦蔵	16	米
安永9.3/22	摂州大坂		■右衛門	15	米
4/6	越前国吉崎浦	四郎八	与兵衛	11	米
安永10.5/7	摂州大坂中筋町	次郎兵衛	藤重郎	13	なし
5/8	摂州大坂	善右衛門	■吉	17	越後御城米
5/24	泉州堺	和田甚吉	善次郎	11	米
5/24	摂州大坂本町	九郎兵衛	吉次郎	11	米
天明2.2/19	越前国吉崎浦	四郎八	与兵衛	11	塩
3/5	摂州大坂	平吉	今三郎	17	米
5/12	摂州大坂	平吉	半平	14	庄内御城米
5/16	摂州大坂	吉右衛門	半平	15	庄内御城米
7/16	摂州大坂	平吉	興蔵	14	庄内御城米
8/19	摂州大坂		庄八	16	米
9/1	越前国吉崎浦	四郎八	与兵衛	13	米
天明3.6/29	防州熊毛郡伊保庄村		平左衛門	10	米
6/29	摂州武庫郡西宮		傳十郎	14	なし
7/1	越前国吉崎浦	惣左衛門	三郎右衛門	13	なし
7/1	摂州兎原郡大石浦	庄松	松右衛門	16	米
10/6	摂州武庫郡西宮		傳重郎	14	米
10/8	加州石川郡粟崎村	藤右衛門	平八	12	米
天明7.6/7	摂州神戸浦		多郎左衛門	18	米
天明8.7/6	摂州神戸浦		太郎左衛門	18	なし
寛政2.4/24	紀州日高郡里浦		久次郎	15	越後御城米
7/16	摂州大坂	平吉	全三郎	17	庄内御城米
8/18	摂州大坂松木町		徳三郎	13	庄油
寛政3.4/12	長州豊浦郡粟野浦	半左衛門	源三郎	15	なし
4/23	播州赤穂郡中村		与八	13	米
8/13	摂州大坂		万作	17	米
寛政4.4/27	摂州大坂松木町		徳三郎	12	米
7/13	播州赤穂郡新濱浦		源七	13	米

入港年月日	国名	船主	沖船頭	乗組人数	荷物
7/14	泉州堺大町	七兵衛	徳兵衛	13	米
寛政5.3/14	和泉国貝塚		万兵衛	11	塩
3/18	讃州粟嶋		利助	15	欠
3/22	摂州神戸浦		善次郎	17	米
4/14	紀州藤代目方浦	甚助	吉十郎	13	なし
4/14	摂州大坂	平吉	六右衛門	16	佐渡御城米
4/17	摂州二ツ茶屋浦		太右衛門	17	米
4/24	播州赤穂郡新濱浦		源七	13	米
4/24	摂州大坂	平三郎	源三郎	15	米
8/28	摂州免原郡御影浦	吉田	茂十郎	16	なし
寛政6.5/20	摂州大坂	平吉	善三郎	17	米
6/17	平戸領小住賀笛吹浦		市太郎	12	なし
7/15	摂州大坂居立堀	利右衛門	新左衛門	12	なし
寛政8.5/3	肥前佐賀郡徳富津		茂平	14	米
9/3	讃州粟嶋	六兵衛	文五郎	14	米
寛政9.5/10	長州豊浦郡粟野浦	半左衛門	平左衛門	15	米
5/10	摂州大坂	平吉	平左衛門	17	庄内御城米
7/14	肥前国佐賀郡徳富津		清次郎	14	米
寛政10.6/22	摂州大坂	平吉	欠	16	越後御城米
寛政11.9/9	讃州粟嶋	興蔵	文五郎	14	米
9/11	摂州大坂	久兵衛	惣吉	14	なし
寛政12.2/27	筑州賀茂郡三津口村		亦蔵	12	越前御城米
4/16	播州赤穂郡新濱浦		助四郎	13	米
4/16	摂州大坂寺嶋町	吉左衛門	弥平治	16	越前御城米
享和2.4/9	阿州中島		弥五右衛門	10	越前御城米
6/7	播州姫路郡魚崎村	四郎右衛門	重次郎	14	飛田御用木
享和3.4/2	摂州大坂	長左衛門	六左衛門	17	丹後御城米
4/24	摂州大坂	右郎兵衛	利作	15	津軽御城米
文化4.3/26	摂州大坂上博方町	藤内	市十	15	なし
4/7	播州赤穂郡坂越浦		文右衛門	15	塩
4/25	長州豊浦郡粟野浦	半左衛門	源三郎	17	米
文化5.4/5	長州厚狭郡藤曲浦		林蔵	13	米
8/10	摂州大坂南堀五丁目	孫三郎	吉三郎	11	昆布、米
8/10	淡州三原郡湊浦	宗兵衛	平兵衛	12	昆布
文化7.2/5	伯州河村郡橋津浦		武兵衛	18	米
11/24	伯州河村郡橋津浦		五七郎	18	なし
文化8.3/14	播州赤穂郡坂越浦	大西源四郎	文右衛門	15	なし
5/5	播州赤穂郡坂越浦	四■郎	文右衛門	15	米
6/17	摂州大坂上博労町	藤助	藤蔵	12	米
文化10.5/10	播州赤穂郡坂越浦	大西源四郎	善九郎	15	米
文化12.8/9	播州赤穂郡坂越浦	大西源四郎	藤九郎	11	昆布

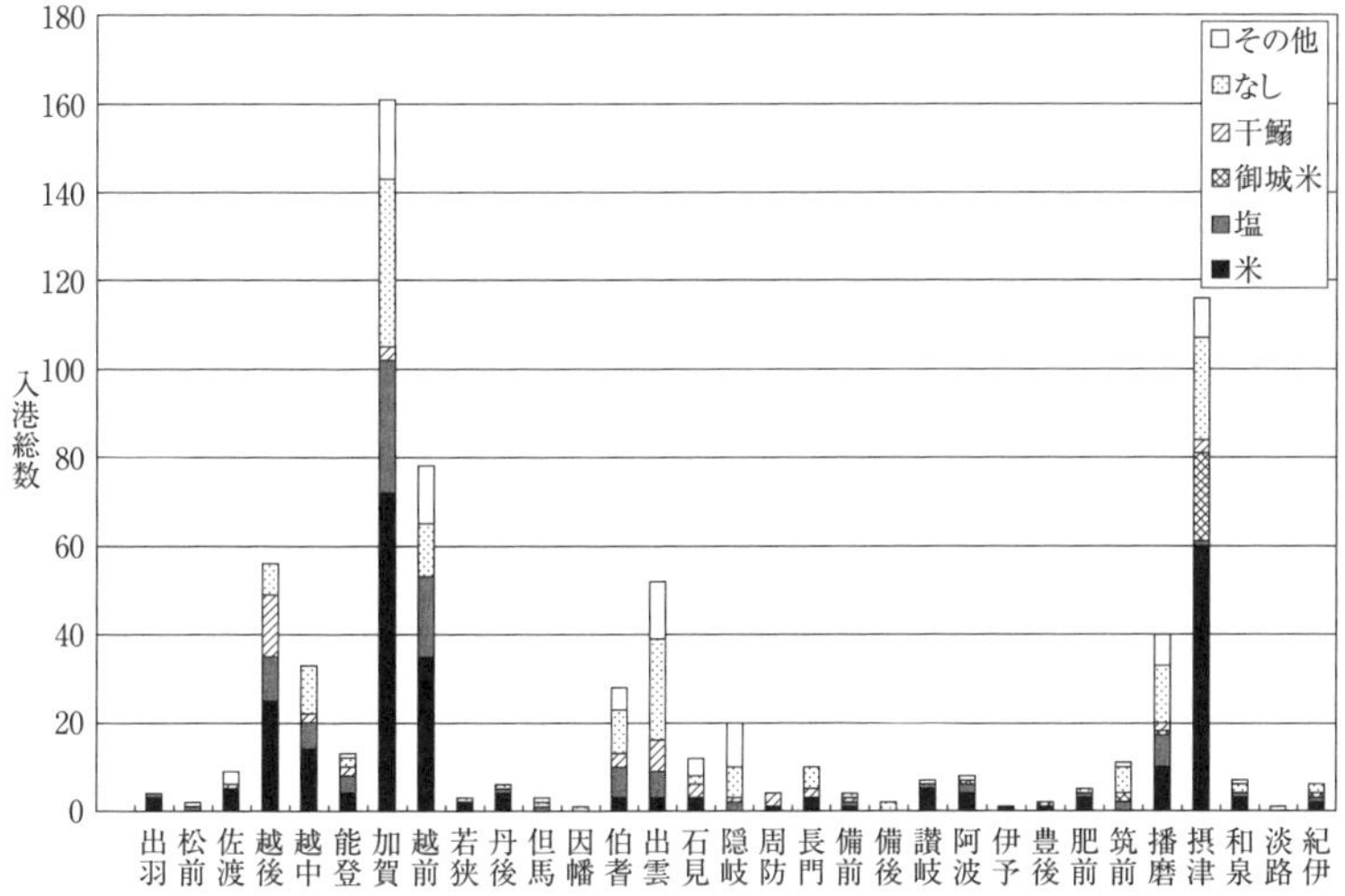

グラフ５　積荷別、国別入港船数（加田屋）

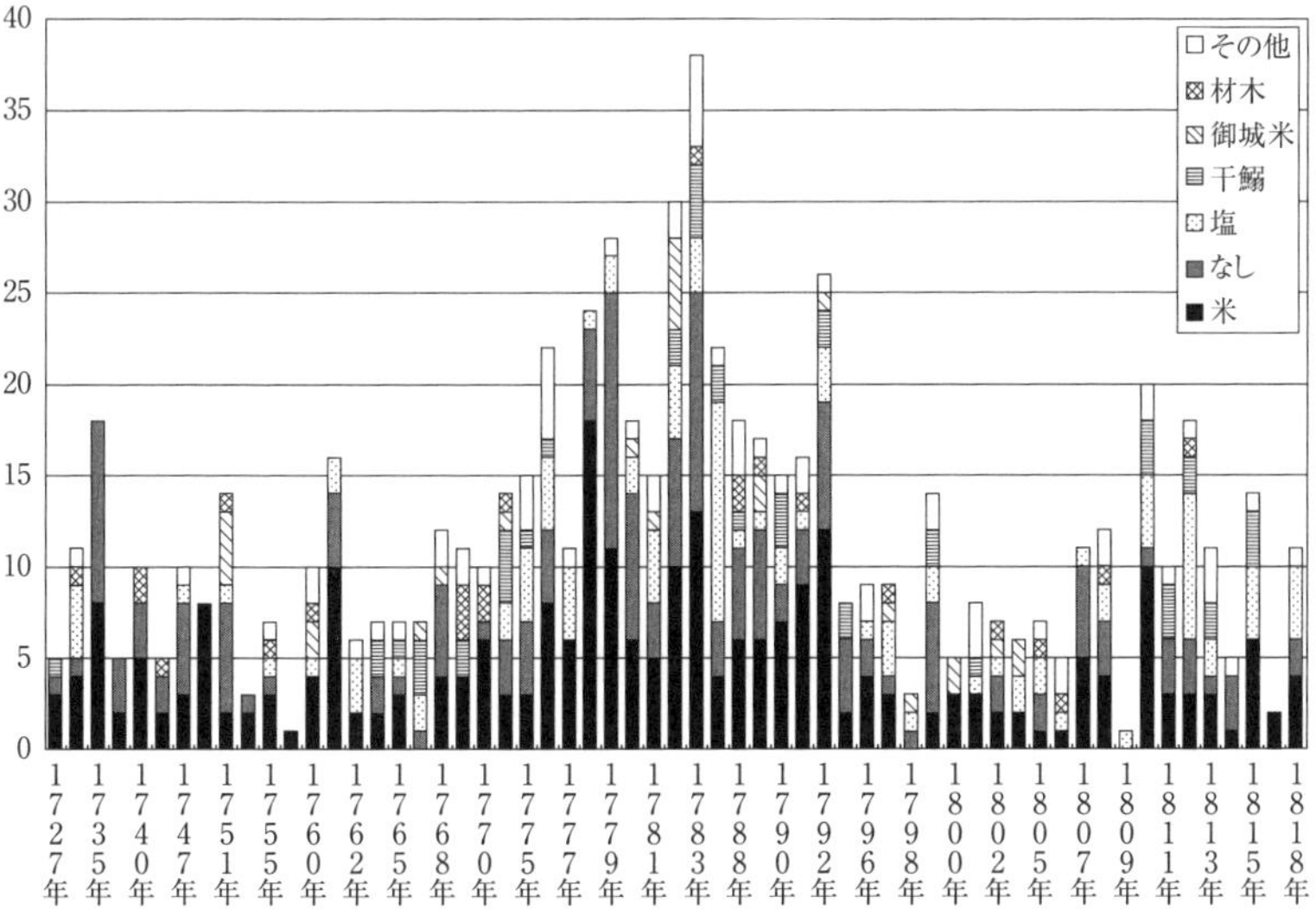

グラフ６　積荷別入港船数（加田屋）

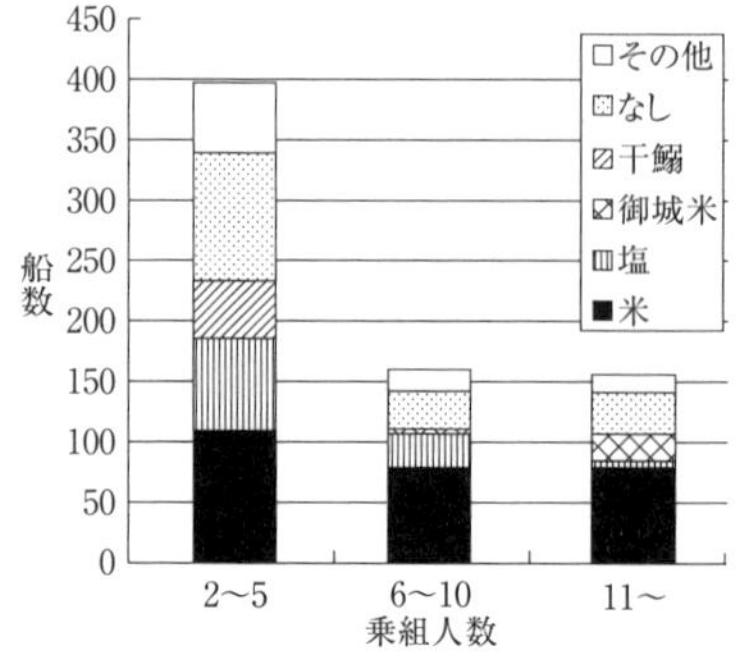

グラフ7　積荷総数と廻船の大きさ

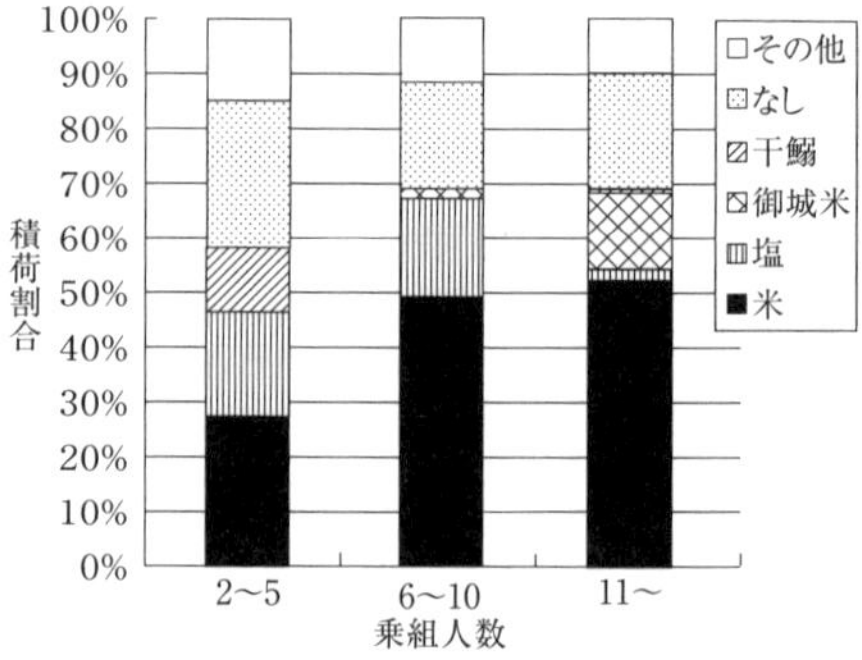

グラフ8　積荷割合と廻船の大きさ

次に積荷と乗船員数ついて検証する。まず「米」に注目すると二〜五人乗が最も多くおよそ一〇〇艘となっている。また、六〜一〇人乗・一一人以上乗では双方共におよそ八〇艘であることがわかる。次に、「なし」に注目すると二〜五人乗が最も多くおよそ一〇〇艘となっている。また、六〜一〇人乗・一一人以上乗では双方共におよそ三〇艘であることがわかる。次に「塩」に注目すると二〜五人乗が七四艘入港しており最も多く、ついで六〜一〇人乗、一一人以上乗の順になっている。また、六〜一〇人乗は二九艘、一一人以上乗は三艘入港している。すなわち人数が多くなるにつれて徐々に減少する傾向にあることが確認される。次に「干鰯」は一一人以上乗に一艘あるだけであとは二〜五人乗であり、四五艘入港している。「干鰯」は二〜五人乗が中心であることが確認できる。次に「御城米」は、二〜五人乗・六〜一〇人乗に少数で、一一人以上乗は二二艘入港している。すなわち「御城米」は大型な廻船で運送されていることが確認できる。

これに対し、積荷割合と入港船の大きさをグラフで表示したものがグラフ8である。「米」に注目すると二〜五人乗でおよそ三〇％であるが六〜一〇人乗・一一人以上乗はおよそ五〇％で半分を占める。総数では二～五人乗が多く見られたが割合で検証すると六～一〇人乗・一一人以上乗に比べて少なくなる。「なし」について注目すると、二～五人乗はおよそ三〇％で、六～一〇人乗・一一人以上乗はともにおよそ二〇％であり同等数を占めている。総数では二～五人乗は圧倒的多数を占めていたが、割合で検証すると二～五人乗・六～一〇人乗・一一人以上乗共に同様な割合になっている。「塩」は二～五人乗・六～一〇人乗はともにおよそ二〇％であり、一一人以上乗はおよそ二％で二～五人乗・六～一〇人乗に比べて少ないことが確認される。「干鰯」は総数でも二～五人乗で多く、また二～五人乗の中での割合でも多くおよそ一〇％程度を占めていることが確認できる。「御城米」は一一人以上乗での総数が多く、また一一人以上乗の中での割合でも多くおよそ一〇％程度を占めており、二～五人乗の「干鰯」と同様の割合になった。

おわりに

本章では、鷺浦の船問屋の中でも「加田屋」に注目してきたわけであるが、加田屋の「船御改控帳」（享保十二年から文化十五年までの（抜けている年代もあるが）五十九年分）によると、享保期から明和期までは入港船数が少なく、安永期から寛政中期にかけては入港船数が多くなっている。その中でも、天明三年がピークであり、徐々に減少傾向にある。入港船数が多くなっている安永期から寛政中期にかけては加賀・越前などの北陸地方の廻船の入港が多く、摂津の廻船は享保から文化を通して平均的に入港している。出

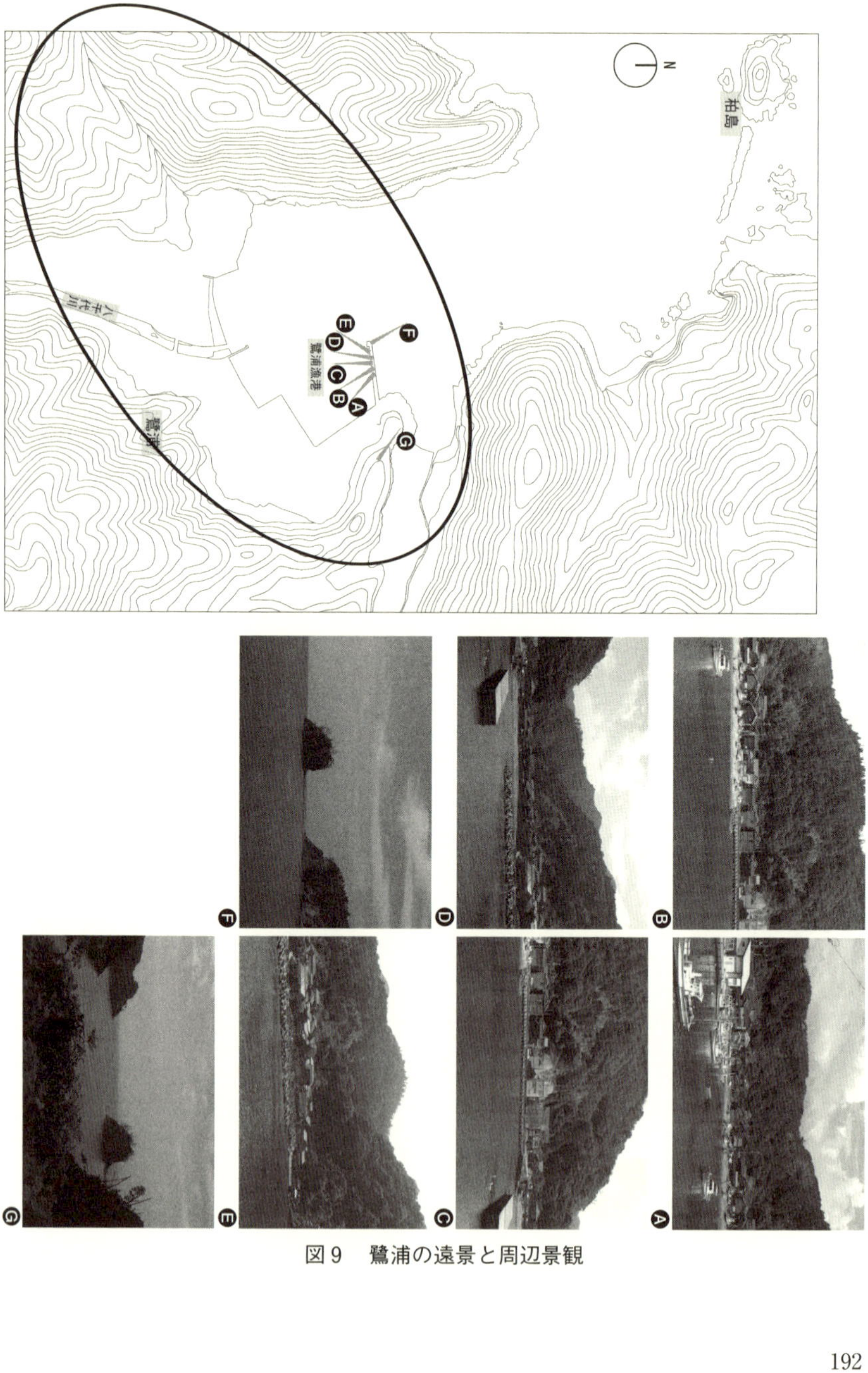

図9　鷺浦の遠景と周辺景観

雲の廻船も同様に安永期から寛政中期にかけて多く入港している。入港する廻船を月別に見ると、四月、五月、七月に多く入港している。そして、加賀・越前などの北陸地方の廻船・出雲の廻船は二～五人乗の廻船が多く、播磨・摂津の廻船は、六～一〇人乗・一一人以上乗の大型の廻船が多い。一〇人乗以上入港船の総数は一六七艘でありその内摂津の廻船は九六艘と摂津の廻船が半分以上を占めている。次に積荷について注目すると、「米」がおよそ四割を占めており、ついで「なし」「塩」「干鰯」の順である。「御城米」「廻米」などの場合（すなわち下りの場合）に、積荷なしで寄港しているので、その点を考えると、この時期は米の輸送が海運業にとって重要であったことがわかる。「米」「塩」は安永期から寛政中期にかけて多く入港している加賀・越前などの北陸地方の廻船に多く、二～五人乗の廻船が最も多くなっている。また六～一〇人乗・一一人以上乗の大型の廻船である摂津の廻船は「米」を積んでいることが多い。「なし」と記載されている「空船」はほとんどの国で多く見られる。さらに「干鰯」は越後からの入港が多く、一一人以上乗の廻船に一艘あるだけであとは二～五人乗の廻船で入港している。そして宝暦十四年、天明七年、天明八年の加田屋「船御改控帳」には停泊期間の記載が確認でき、停泊期間は「二日間」が最も多く、ついで「三日間」・「四日間」・「五日間」の順となった。最高停泊期間は「二七日間」で最低停泊期間は「一日間」で同日に出船していた。また、停泊期間「二日間」の入港船籍地は越後国が最大となり、ついで加賀、越前、摂津の順で多い。「二十七日間」と言った長い間の停泊期間の理由としては船の修理か、乗組員の死者がでたなどの理由が考えられるだろう。また鷺浦の船問屋の位置づけについて述べると、船問屋「加田屋」には月平均一～二艘程度入港している。そして、停泊期間はおよそ二～三日間が多く、月に一～二艘×二～三日間分の収益が予想される（ちなみに、船問屋には船頭だけが宿泊するということである）。よって船問屋による収益が加田屋における生計の一部を占めていたと推定できる。鷺浦という集落を考えるには、今回考察したような、建築だけでなくこうした近世から近代にかけての産業についても考えていく必要があるだろう。

また加田屋の建築をみると、停泊する船の船員を多数宿泊させるほどのスペースを持っていないことから、船員は主に停泊している間、船での寝泊まりを行っていたと考えられる。

ところで集落を生産機能（稼ぎ）と生活機能の複合系として考えたとき、こうした系からどのような社会的状況を「建築から」うかがい知ることができるだろうか。集落がこの生産機能と生活機能を併せ持っているとすると、生産が活性化すれば、生活の場においても何らかの活性化がみられ、例えば建築でいえば建物を増築したり新築したりするなどといった行為が行われる可能性考えられる。加田屋一つをとっても、船宿として、物資の補給や停泊代などで、生業はなりたっていたと考えられる。これに対し集落系が生産機能を外へ求めたとき、集落において生産が活性化されていないようにみえても、建築の増築、新築など生活機能の活性化が集落にみられる可能性がある。言い換えれば集落の生産機能がそれほどの活性化をみせていなくても、建物の新築や増築が見られれば、集落系から生産機能が分離しているといった現象をみてとることができる可能性があるわけである。

そこで今回調査した建物の建築年代をみると、明治末～昭和初期に一つの画期がある。つまりこの時期に集落全体で家の建て替えが頻繁に行われていた可能性がある（今回調査時の聞き取りでも、大正～昭和初期がその時期にあたるという)。一般的に北前船がピークに達するのは明治中期頃であるが、この北前船の高揚期と、鷺浦における住宅の建替えが多く見られる時期との間には、おおむねの一致がみられる。この要因について述べるのは、本章の限界を超えるものであるので、具体的な言及は差し控えるが、近代期以降、生産機能を他の地域に移すことによって経済的に成功し、その結果、生活の拠点となっている住宅を建替えるという行為に至ったと考えることもできるのではなかろうか。例えば今回調査した(論文ではふれられなかったが)中で大坪屋は、近代になって生活する場所は鷺浦に残し、福岡に遠洋漁業の拠点を置くようになったという。すなわち、生産機能を置く場所は他の地域に移すものの、生活機能は鷺浦に留め経済的な成功をもとに住宅を建替えたと考えられる。

以上のことから、鷺浦の街の形成そのものは船宿がきっかけの一つであったが、現在に至る街の発展に関しては、北前船は関係していたのではなかったのではないだろうか(このことは加田屋の経営分析からもみてとることができる)。

一方、元船宿であった家屋を基準にして考えると先に述べたとおり、二七棟中一五棟の家屋が現在でも船宿であった当時と同じ場所に存在している。つまり、二七棟の元船宿であった家屋のうち、約半数の船宿が廃業した後も船問屋を営んでいた当時と同じ場所に家を構え続けている。このことを考慮したとき、元船宿である彼らは船宿以外の何らかの経済的裏づけがあったことになる。その一方でこれといった産業がほかにあったとは考えにくく、船宿継続中ないしは廃業を機に生活と生産の機能のすべてを鷺浦以外の場所に移行するのではなく、鷺浦を生活拠点としつつも生産機能は他の場所に移した可能性が高い。そんななか船宿で成功したものに塩飽屋があるのではなかろうか。二階を増築したのも、そういう社会的背景が影響を与えたと考えられよう。建築はさまざまな要因の産物である。今回のような生業と建築、町並みを考えることも意味をなすと考える。最後になるが、これだけの美しい町並みを成した街は、伝建地区以上である。

〔参考文献〕

大場修・山田美貴「町屋の外観形成の地方性—町屋形成に関する分布試論Ⅰ—」『日本建築学会近畿支部研究報告書』一九九九年。

香川県丸亀市教育委員会編『重要伝統建造物郡保存地区　丸亀市塩飽本島笹島』一九七九年。

京都府与謝郡伊根町教育委員会編『伊根浦伝統的建造物群保存対策調査報告書』二〇〇四年。

司馬遼太郎『菜の花の沖(一)』文藝春秋、一九八七年。

島根県邇摩郡温泉津町教育委員会編『温泉津伝統建造物郡保存地区調査報告書』一九九九年。

高井　潔『蔵』淡交社、一九九五年。

柚木　學『近代海運史の研究』法政大学出版局、一九七九年。

おわりに

以上のように、主に近世期における建築と人々との関係について考察した。すでに各章で結論を書いているので、ここでは、気づいた点について述べることでまとめとしたい。

はじめに京丹後市の神社建築を近世〜近代にかけて考察したが、物事、特に時間は歴史家のように簡単に分類できない点を明らかにした。つまり最新の建築様式を点と点で結んだ歴史観も必要だが、そこで通奏低音のように変わらないものもあるということを明らかにできた。近代になったから近代風の建築ばかりが建てられたわけではない。むしろ近世から考えた方がわかりやすい神社が大多数を占めていた点を指摘した。

当該地域では神社の上屋も実測・撮影したが、どんなに小さな神社でも上屋がある場合には必ず正面に虹梁をもうけていることが明らかになった。これは当該地域では、神社であることの「記号」であるともいえ、他地域との比較がまたれる。また当該地域の神社には美しい彫刻が多数みられた。丹波柏原の彫刻師中井氏である。その繊細さは、当該地域の神社としては、屈指である。大工は通常彫刻も担当したが、それが分化し彫刻だけを専門にする大工が現れてくる。神社の見せ場といえ、大工の腕も相当なものであったと考えられる。またそこには近世的な美意識を読み取ることもできよう。

ところで、庇について大坂と江戸を比べてきたが、これは筆者が、長年関心をもっているところである。大坂の庇がどんどん前に張り出し、勢い内部空間にしてしまうというしたたかさは、筆者が大阪生まれであるせいか、なんとなく理解できるが、江戸では何より防火対策を徹底させる。それでは、庇はどうであったのか。今回はそれを問題定義にし、考察を試みた。また岡山藩の格子に関する規制から実にさまざまな規制がかけられていたことを垣間見ることができた。

『紀州田辺町大帳』からは、他地域と同じような建築規制が触れ出されていることから、幕府の建築規制が、かなり徹底したものであったことが明らかになった。また幕府最後の建築規制ともいえる天保期に、なぜか看板が派手になることがわかった。これは抑制される側の精神性にまで踏み込んだ議論が必要であり今後の課題と言わざるを得ない。

さらに島根県鷺浦では、伝統建築群保存地区かと思わせるような、美しい集落で調査をすることができた。近世期、船舶の緊急避難港として活躍した当集落のなかで、加田屋さんの資料を拝見する機会を得て、避難港での船宿の役割を垣間見ることができた。

以上、やや断片的であったが、近世期の建築と人々について考察できたと確信している。

【謝辞】

研究を指導頂いた故青山賢信先生、建築史のおもしろさを教えて頂いた故荒樋久雄氏、二宮義信氏、研究を手伝ってくれた院生、学生諸氏に感謝します。

そして本書作成においては、大阪工業大学、同僚に感謝します。また宮岸幸正先生との「放課後の議論」が、本書の大きなヒントになりました。ありがとうございます。そして研究仲間であり友人の橋本孝成氏、曽我友良氏には、いろいろな研究動向を教えていただきました。感謝します。そして本書を書籍にして下さった前田正道氏には、病院にお見舞いに来ていただくなど、感謝の気持ちでいっぱいです。

最後に私事で恐縮ですが、家族、妻木家、稲田家、清水家には、研究における最高の時空間を与えてもらいました。感謝します。

妻木 宣嗣（つまき　のりつぐ）

〔略　　歴〕
1969年　大阪市生まれ
1999年　大阪工業大学大学院工学研究科建築学専攻博士後期課程修了
現　在　大阪工業大学ロボティクス＆デザイン工学部准教授　博士（工学）

〔主要著作〕
『近世の建築・法令・社会』（清文堂出版，2013年）
『ことば・ロジック・デザイン―デザイナー・クリエイターを目指す方々へ―』（清文堂出版，2015年）
『近世の法令と社会―萩藩の建築規制と武家屋敷―』（共著・清文堂出版，2017年）

ほか

地域のなかの建築と人々

2019年1月31日　初版発行

著　者　妻木 宣嗣
発行者　前田 博雄
発行所　清文堂出版株式会社
〒542-0082 大阪市中央区島之内2-8-5
電話06-6211-6265　FAX06-6211-6492
http://www.seibundo-pb.co.jp
印刷：亜細亜印刷株式会社　製本：株式会社渋谷文泉閣
ISBN978-4-7924-1094-0　C3021